JN224487

生成AIと
ジャーナリズムの行方

〜メディアに突きつけられる課題と対応力〜

公益財団法人 新聞通信調査会 編

生成AIとジャーナリズムの行方

～メディアに突きつけられる課題と対応力～

平野啓一郎氏による基調講演＝2024年5月28日、プレスセンター

パネルディスカッションに登壇した（左から）竹内薫、音好宏、福岡真之介、津山恵子の各氏

自己像としてのAI

小説家

平野啓一郎
（ひらの・けいいちろう）

1975年愛知県生まれ。京都大学法学部卒業。1998年『日蝕』（新潮社）で作家デビュー。同作で芥川賞を当時史上最年少で受賞、40万部の売り上げを記録する。2019年『ある男』（文藝春秋）で読売文学賞、23年『三島由紀夫論』で小林秀雄賞を受賞。『マチネの終わりに』（毎日新聞出版）、『ある男』の映画化、『空白を満たしなさい』（講談社）の連続ドラマ化と、作品の映像化が続く。最新長篇『本心』（文藝春秋）は2040年代を生きる、母を亡くした一人の青年の物語。

生成AIとジャーナリズムの行方

～メディアに突きつけられる課題と対応力～

パネリスト

音 好宏 上智大学教授
（おと・よしひろ）

1961年北海道生まれ。上智大学大学院博士後期課程満期退学。日本民間放送連盟研究所、コロンビア大学客員研究員などを経て、2007年より上智大学文学部新聞学科教授。専門は、メディア論、情報社会論。著書に、『総合的戦略論ハンドブック』、『地域発ドキュメンタリーが社会を変える』（いずれもナカニシヤ出版）など。放送大学評議員、衆議院総務調査室客員研究員、NPO法人放送批評懇談会理事長を兼務。

パネリスト

弁護士

福岡真之介

（ふくおか・しんのすけ）

1996年東京大学法学部卒業。98年司法修習修了。2001年より西村あさひ法律事務所・外国法共同事業勤務。06年デューク大学ロースクール卒業。06年〜07年シュルティ・ロス・アンド・ゼイベル法律事務所、07年〜08年ブレーク・ドーソン法律事務所で勤務（出向）。14年〜15年大阪大学大学院高等司法研究科招へい教授。著書に『DAOの仕組みと法律』、『AIプロファイリングの法律問題』（いずれも商事法務）、『生成AIの法的リスクと対策』（日経BP）など。

ジャーナリスト

津山恵子

（つやま・けいこ）

ニューヨーク在住ジャーナリスト、専修大学ジャーナリズム学科講師。元共同通信社記者。『AERA』などに米社会、政治、文化について執筆。朝日新聞オピニオン欄「メディア私評」に米メディアの最新事情について定期連載。東洋経済オンラインに2024年米大統領選挙について連載中。ノーベル平和賞受賞のマララ・ユスフザイさん、メタ（前Facebook）のマーク・ザッカーバーグCEOなどにインタビュー。著書に『現代アメリカ政治とメディア』（共編著、東洋経済新報社）など。

コーディネーター

サイエンス作家

竹内 薫

（たけうち・かおる）

1960年東京都生まれ。東京大学教養学部教養学科・東京大学理学部物理学科卒業。マギル大学大学院博士課程修了。理学博士。大学院を修了後、サイエンス作家として活動。物理学の解説書や科学評論を中心に200冊余りの著作物を発刊。『99.9％は仮説 思い込みで判断しないための考え方』（光文社）は40万部を超えるベストセラーとなる。物理、数学、脳、宇宙、AIなど幅広い科学ジャンルで発信を続け、執筆だけでなく、テレビ、ラジオ、講演など精力的に活動している。

基調講演の模様

司会を務めたフリーアナウンサーの戸丸彰子氏

パネルディスカッションの模様

シンポジウム

生成 AI とジャーナリズムの行方

～メディアに突きつけられる課題と対応力～

公益財団法人 新聞通信調査会

シンポジウム

生成AIとジャーナリズムの行方

~メディアに突きつけられる課題と対応力~

主催者あいさつ

公益財団法人 新聞通信調査会

理事長 **西沢 豊**

　皆さま、こんにちは。公益財団法人 新聞通信調査会理事長の西沢です。生成 AI（人工知能）が登場して、その影響の大きさから各方面で議論を呼んでおります。そこで本日は、「生成 AI とジャーナリズムの行方～メディアに突きつけられる課題と対応力～」と題して、シンポジウムを企画いたしました。この問題に対する関心の大きさを伺わせるように、大勢の皆さまにご来場いただき、またオンラインでも多数の方に視聴されています。誠にありがとうございます。

　さて、生成 AI のチャット GPT が 2022 年 11 月に公開されてから、アクティブユーザー数が 1 億人に到達するまでわずか 2 カ月、史上最速と言われております。日本でも注目を集め、生成 AI に関する書籍、そして雑誌の特

集などは枚挙にいとまがありません。こうした中、日本新聞協会は、23年10月の新聞大会で「AIと新聞」と題して、研究座談会のテーマに取り上げました。最近でも新聞紙面でAI関連記事を見かけない日はないと言ってもいいほどであります。

　生成AIは新たな産業革命、第4次産業革命などとも言われておりますが、一方で、世界経済フォーラムが今年のダボス会議前に発表した「グローバルリスク報告書2024年版」は、AI技術の進展に伴い、誤情報とニセ情報の拡散が最大の短期的リスクと警鐘を鳴らしています。欧州連合（EU）は、（24年）5月にAI規制法を制定しました。日本でも政府のAI戦略会議が法規制の検討に着手したと言われています。また、読売新聞社とＮＴＴが「生成AIのあり方に関する共同提言」を発表し、規律と活用の両立を求めています。

　今日のシンポジウムは、まず小説家の平野啓一郎さんに「自己像としてのAI」と題して基調講演を頂きます。平野さんの最新刊の小説『本心』は、母を亡くした1人の青年が仮想空間でバーチャルフィギュアの母を再現し、悲しみと孤独の癒しを得ようとする内容で、私も興味深く読ませていただきました。生成AIやロボットが普及すると、人間社会は一体どうなっていくのか。こうした問題意識でいろいろな発信もされておられます。

　基調講演の後は、メディア論がご専門の上智大学教授・音好宏さん、生成AIの法律問題に詳しい弁護士・福岡真之介さん、米国のメディア最新事情に詳しいニューヨーク在住のジャーナリスト・津山恵子さん、この御三方にパネリストとしてご登壇いただき、コーディネーターをサイエンス作家の竹内薫さんにお願いしました。それぞれのご専門からの意見表明と活発なご議論を期待しています。

　結びになりますが、平野さんをはじめパネリストの皆さまには、大変ご多忙な中、ご出席いただきまして誠にありがとうございます。この場をお借りし、厚く御礼を申し上げまして、簡単ではございますが、主催者からの開会のあいさつといたします。最後までどうぞよろしくお願いします。

目 次

生成AIとジャーナリズムの行方
〜メディアに突きつけられる課題と対応力〜

パネリスト

音 好宏　　上智大学教授
福岡 真之介　弁護士
津山 恵子　ジャーナリスト

コーディネーター

竹内 薫　　サイエンス作家

プレゼンテーション

音 好宏

福岡 真之介

津山 恵子

竹内 薫

ディスカッション

シンポジウム開催概要

題名　生成AIとジャーナリズムの行方
　　　〜メディアに突きつけられる課題と対応力〜

主催　公益財団法人 新聞通信調査会

会場　プレスセンターホール（日本プレスセンタービル 10階）

日時　2024年5月28日　13:00〜16:15（12:30受付開始）

内容　第1部　基調講演　　　　　　13:05〜14:05
　　　第2部　パネルディスカッション 14:15〜16:15

【表紙の写真】　（表）画像生成AIツールを使用し「新聞を読むロボットと記事を書くロボット」とい
う文章からAIが画像生成したイラスト　出典:Adobe Firefly
（裏）専用の生成AIサービスで制作しXに投稿されたバイデン米大統領の偽動
画＝2024年4月（共同）

基調講演

自己像としてのAI

平野 啓一郎

小説家

自己像としてのAI

平野啓一郎

小説家

平野啓一郎氏

　こんにちは。私自身は特に AI の専門家というわけでもないのですが、『本心』という小説で生成 AI を使った人間のような存在をネット空間に作り、その存在とのコミュニケーションをテーマにした小説を書きまして、その後、その内容が面白かったということで、こういう場にお招きいただく機会がございます。

　今日のジャーナリズムと AI との関係というテーマに関しては、パネルディスカッションの方で専門家の皆さんに具体的に議論していただくことになると思いますが、私の講演は、直接ジャーナリズムの話をするというよりも、そもそも人間と AI との関係が今後どうなっていくのかについて、少しお話ししたいと思っ

ています。

人間の能力を超えるか

　生成 AI が大変なブームで、今日はもう AI と言いますが、タイトルにある通り、今 AI について考えるということは結局のところ、人間とはなんぞやと、あるいは人間がどうあるべきかを考えることと鏡のような関係になっているのではないかと思います。AI に私たちが抱いている脅威の一つとして、例えば AI が倫理的な問題に判断を下すときにそれが正しいのかどうか心配するわけですが、そのことは人間社会の中で今どのような倫理的水準が維持されているのかを問うことと、全く表裏一体になっています。AI も人間がいろいろなプログラミングをコントロールしながら活用していくわけですから、結局は AI に何をさせるのかというのは、人間の倫理自体が問われていることになります。

　そう言いつつ、そもそも AI という存在をどうして人間と比較しなければいけないのか、どうして人間の能力を超えるか超えないかというような観点で議論を進めなければいけないのかという点に関しては、ちょっと曖昧な前提があるようです。ご承知の通り、シンギュラリティー仮説というのがありまして、2040年代ぐらいに人間の能力を超える人工知能が登場すると予測されていて、これについては結構長い間、そうならないのではないかという否定派の声も大きかったんですけども、この生成 AI の登場以降、やっぱりあの予測は合っていたという議論もよくなされています。

　ただ、繰り返しますけれど、なぜ人間の能力と比較するのか、そして、どうなったら人間を超えたことになるのかという前提は、一般には非常に曖昧です。AI と言われるものは、ご承知の通り、専用 AI と汎用 AI に大別されています。専用 AI は囲碁が得意だとか、データ管理が得意だとか、ある個別の専門的な能力に特化した AI であり、汎用 AI は、これがまさに、あたかも人間のように、さまざまな問題に対処して問題解決することができると言われています。

　そもそも専用 AI の分野ではとっくの昔に人間の能力は超えているわけですね。囲碁でももう人間はかないませんし、データ管理や画像認識に関しては、人間はとても太刀打ちできなくなっています。

　例えば、レントゲン写真を見て肺がんがあるかどうかを放射線科の医者が確認するのと、AI が画像認識で判断することで言えば、もうすでに AI の方が人間を凌駕していると。あるいは AI と言わなくとも、例えば、産業ロボットを考えますと、自動車の部品の組み立てから何から、とっくに人間の腕力、能力を超えたものを、われわれは活用しているわけです。

　ところがロボットが登場したことによって、人間が何か自分の身体にコンプレックスを持つようになって、機械に人間が負けていることに絶望感を感じているかというと、そんなことはない。専用 AI に関しても、確かに囲碁の大会で人間が AI に負けて大きなニュースになりましたけど、考えてみれば、パソコンでの計算にしても何にしても、とっくの昔に人間の能力を超えています。ですから、そのこと自体が何か脅威になるわけではありません。そうしますと、脅威になるとすれば、それは仕事が奪われるかどうかという問題だと思うのです。今議論されているのは、汎用性の AI が人間を凌駕した存在になるのではないかということです。

　そこで、最初の問いに戻りますが、じゃあ AI が人間と比較して人間を超えているとは一体どういうことなのかという問いが残るわけですね。

情報過剰供給社会と正確な情報

　ちょっと本題に行く前に、そもそも私たちはどういう世界に住んでいるのか、少し皆さんと一緒に考えてみたいのですが、まずわれわれのこの世界は、恒常的に、非常な情報過剰供給社会に生きています。とにかく情報量が圧倒的に増え過ぎてしまっている。その中には玉石混交、さまざまな情報があって、これはジャーナリズムにも関係しますが、フェイクニュースもたくさん紛れ込んでいる。そういう状況の中で私たち一人の人間が処理できる情報の量はどれぐらいでしょうか。1 日24時間しかなくて、せいぜい90年かそこらしか生きられないとなると、こちらの手持ちの時間自体は増えないわけですから、情報量が増加の一途をたどる今日、私たちはそれに追いつくことはできません。ですから、何らかの形で世界に増え続けている情報を圧縮するような媒介がなければ、私たちは世の中に存在している情報を摂取すること自体が、そもそもできないわけです。その仕組み

として AI が利用されるというのは、これは今の情報量を私たちがうまく活用して生きていく上では必然でしょう。

　それからもう一つ、それぞれのジャンルの専門性が非常に高度になってきている。物理学を勉強している人にとって、医学の領域は必ずしも明るくない。あるいは歴史家にとって物理学は自分の専門外というように、それぞれの専門領域は非常に細分化されて高度になっていますが、それは単に学問の問題だけではなくて、われわれの政治に直結している問題です。

　最近の身近な例はコロナの対策でしょう。コロナの時に一体ワクチンを打ったほうがいいのか、打たないほうがいいのか、マスクに効果があるのか、ないのか。あの時医学界の中でも議論が分かれましたし、一般の人は事前にコロナウイルスの知識がないとなかなか分かりません。分からないというのが本当なのですが、この問題が、私たちの政策決定に非常に深く関わっています。

　ですから、その対策をしている政府をどう判断するのかというときに、われわれには全く門外漢で、専門知識が備わっていないとそもそもその政権を支持することができるのかどうか、あるいは選挙の時に野党に投票するのかどうかさえ決定できない。コロナは一つの例に過ぎませんが、気候変動から食べ物の問題から農業から何から何まで、私たちが政治的な決断をしなければいけない基礎となる知識が高度に専門化されて難しくなっている。それ故に、網羅的に判断しながら政策決定に政治的主体として関与していくことも難しくなっています。

　経済問題に関してもそうですね。日本の経済成長をいったいどのように実現していくのかというときに、10年代はアベノミクスを巡って非常に分断された議論がなされました。今でもそれは続いています。そういう状況の中で、われわれはどうしても自分が専門家でない以上は何かを参照するしかない。

　そこでジャーナリズムの役割が今でも非常に重要になりますが、ご承知の通り、一方でフェイクニュースというのがあふれ返っている。ジャーナリズムがフェイクニュースとどう戦っていくかというと、現実的にインターネットの世界では、もう量の戦いになっています。つまり、検索したときにどういう言説がすぐに出てくるか、あるいは SNS でどういう言説が支配的なのかは一種の物量作戦のようになっていて、正しい情報に必ずしもたどり着けるかどうか分からない。これが AI の問題だとするのは、一つは X（エックス）の bot（ボット）なんか

を見ればお分かりになる通り、膨大な量のフェイクニュースを自動的に生成していくことができ、機械的に誤情報を流すことができるわけです。そうすると、SNS の会社が自主規制する以外に、正しい情報がどういうふうに勝っていくかというと、やっぱり量的に戦っていく必要がありますが、これがなかなか難しい。質が高いものが、情報としてきちんと多くの人に届くようにするためにはどうしたらいいのか。これはもうメディアをどういうふうに、どういうシステムにしていくのかという、技術的な問題になってきます。ご承知の通り、正しい情報だからきちんと伝わるとか、正確な情報だから伝わるということは必ずしも言えないわけですね。これはもう仕組みづくりの次元で取り組んでいかねばならない問題であると。

　しかし、いずれにせよ正確な情報はこの社会に絶対に必要なわけですから、物量戦に負けそうになって、ジャーナリズムがくじけそうになるかもしれませんが、とにかくその中でも正しい情報は残り続けなければいけない。

　それから個人は、自分がどういう情報を今必要としているのかということを、大量の情報の中からある程度カスタマイズしてもらわないと、とても手に負えない。X や Facebook では、自分がどういう人をフォローするかによって一定程度コントロールできます。アマゾンのようなサービスは、自分がどういう本を買ったとか、音楽を聴いたとかいう履歴に基づいて説明してくれます。そういう意味では、生産から、ディストリビューションから、消費から、全てがオートマチックに動いているような世の中に私たちは生きていて、そういうレコメンドのシステムによって、自分の意志で物を買っているのではなくて、結局買わされているに過ぎず、非常に味気ないものだというふうな捉え方もあるわけです。

　しかし実際に本を買ったり、レコードを買ったりされていた方はよく分かるように、かつてお店で「これは名盤だ」とかいうようなことが書かれているので買ってみたけどすごくつまらないレコードだったという経験に比べると、実はアマゾンのレコメンド機能などは結構な精度です。たくさんの情報の中から、いい悪いは抜きにして、単に自分の趣味に合っている情報かどうかをかなりの精度で情報を圧縮しながらエディットして、個人に届けることが実現されています。そういう意味では、このような仕組み自体は抜きにしてはもう生活できない。ただ、誤情報とどう戦っていくのかというのが、一つの問題だと思います。

「のび太くん化」ビジネス

　それから、少し近い問題意識なのですが、テクノロジーはどう進歩していくのかというときに、一つの不可逆的な方向性がある気がするんですね。それは何かと言いますと、人間の「面倒くささ」をいかに軽減するのかということに関して、後戻りできない方向性をもって社会が進んでいることです。生きていれば面倒なことは非常にたくさんあるわけですが、とにかく面倒をなくすことに、ありとあらゆるサービスが事業化されています。

　このことを考える上でちょっと思い出すのは『ドラえもん』という漫画です。『ドラえもん』は一種の SF 漫画ですが、ドラえもんという存在は今で言うとアマゾンのようなサービスですね。「こういうものが欲しい」と言うと四次元ポケットから便利な道具を出してくれる。私たちが日常的にアマゾンで買い物をしているのと、ほとんど同じです。お金を払うかどうかは、大きな違いですけれども、サブスク（サブスクリプション）か何かでしょうか。

　そういう意味では『ドラえもん』は予言的なアニメのように見えるのですが、もう一つ、非常に予言的なのは、あるいはこちらの方が SF としてはより本質的かもしれませんが、のび太くんという主人公は面倒くさがりで、他者（サービス）依存的である点です。ここが実は非常に SF 的な設定なわけです。というのは、われわれはみんな今「のび太くん化」しているわけです。のび太くんは、ちょっと努力してやればよいことを何でも面倒がって、ドラえもんを頼り、便利な道具で解決してもらうことを考える。そういう理由で、実際、かつてヨーロッパでは、『ドラえもん』が子供に悪影響だとされたこともありました。

　従来の常識だと、「そこにスイッチがあるんだから自分で消せよ」と言っていたわけです。ところが今、われわれの元に届けられているサービスは、まさにわれわれをのび太くんのような存在にするサービスで、部屋の電気のスイッチはそこにあるのだけど「Alexa（アレクサ）、電気消して」と言うと電気が消えると。もちろん自分でやればいいことなのですが、なぜ自分で壁のスイッチを押しに行かないかというと、面倒くさいからですね。だから、「寝転がっていても電気を消せる道具、出してよ」とドラえもんにお願いして、アレクサを出してもらったような状態です。

　あらゆるビジネスは、人間が何を面倒くさいと思っているかにパラノイア的に注目しています。ちょっとでも面倒くさいことがあれば全部ビジネス化しようとしている。かつては、おなかが空いてご飯を食べに行くとなると、自分で歩いていかなければなりませんでしたけれども、今ではウーバーイーツのような洗練された出前システムがある。そうすると、わざわざ私たちは外にご飯を食べに行かなくてよいわけです。最初は、面倒がらずに外に食べに行けばいいじゃないかと言っていましたが、実際にコロナの時には、これが非常に重宝されました。それから、コロナで家を出られなくなってウーバーイーツという形で出前が届くことがありがたいという経験を通じて、実は病気だったり、障害があったり、いろいろな事情で家から出られない人が、いかに外食から遠ざけられていたかが分かった。ウーバーイーツのようなものが広まったおかげで、いかにいろいろなレストランの食事にアクセスできるようになったのかを、当事者の声を通じて理解するようになって、これは単に怠け者のためのサービスではなくて、実はマジョリティーからこぼれ落ちていた人たちの食に対するアクセスを拡大したと理解したわけですね。実際に私の妻は、以前妊娠していたときは非常につらくてなかなか外に行けず、当時は出前の手段も近所のそば店かピザぐらいしかなかったので、あの時にウーバーイーツがあったらどんなに便利だっただろうと、よく言っています。ウーバーイーツは、そういう意味で、外にわざわざ食べに行くという面倒を一つビジネス化したわけです。

　そうすると、そのウーバーイーツというビジネスを支えるためには、運ぶための労働者が必要です。労働者の絶対数自体は最初から決まっている中で、社会の必要に応じて何かの仕事に振り分けられるわけですが、一つの面倒を解消するために、一つの新しいビジネスが生まれると、そこに労働者が、その数だけ吸収されていきます。そして、また一つの面倒が見つかって、そのためにビジネスが生まれると、そこにまた労働者が吸収されていく。

　人間が面倒から解放されたいという欲望は、おそらくとどまるところを知らないでしょう。今後も、どんなささいな面倒でも企業は見つけて、それをサービスとして事業化することが起こっていくと思います。そうすると、サービス業は際限もなく増え続けて、その度に労働者が求められるわけですから、少子高齢化という現実とは別に、恒常的に労働力は不足していくだろうと予測されます。少子

化もあり、そして過剰なサービス化がある中で、社会を維持していこうとすると、どうしたって一定の業務を人間以外の存在に担ってもらわなければ、私たちの過剰に面倒を外部化する、ビジネス化する社会は維持できない。ですから、もしそれが維持できないのであれば、もう 1 回、自分たちがウーバーイーツのないような世界、電気を消そうと思ったら自分で消さなきゃいけない世界に戻っていくしかないわけで、実際にそうならざるを得ない状況も来るかもしれませんが、とにかく、このサービスが増え続ける限りは、何かによってそれを代替してもらわなきゃいけないわけです。

　情報が過剰化しています。先ほど医学の話をしましたが、昔、一人あたりの患者さんが持っている情報はレントゲン写真とか、非常に限られた情報でしたが、今は MRI で断面を撮った何十枚もの画像や血液検査の結果、あるいは遺伝子検査の結果と、とんでもない数の情報が一人ひとりの患者さんにある。そうすると、どうしてもそれを AI で処理するしかないですし、社会サービスの次元でも、AI のような技術を使って処理していくしかない。社会の中ではそういう面倒がたくさんあって、さらに、社会の「総面倒量」みたいなものがあってその総面倒量を縮減していこうとすると、この技術が今のタイミングで出てきたのは、ある種、必然的なことのように見えます。

　一方で、面倒のたらい回しということも起こっています。例えば、官僚機構が業務を減らそうとある制度を作ると。するとインボイス制度のように、納税者はかえって手間が増えて面倒になる。これは官僚機構の中にあった面倒を、一般の方の面倒に押し付けているわけで、社会の「総面倒量」自体は変わっていない。あるいは、増えているのかもしれない。ブルシット・ジョブという言葉も有名になりました。総面倒量を減らしていく中で、どういう社会をデザインしていくか考えなきゃいけない。しかし、その面倒を事業化することを労働力の供給という観点から考えたときに、それが本当に社会全体のことなのかという視点が必要で、そこで AI はどうしても必要になってくるだろうと思うわけです。

AI が担うコスト管理とリスク管理

　今日の社会は、コスト管理とリスク管理の二つに関して非常にセンシティブに

なっています。企業もコスト管理は常に考えていますし、人間もとにかく時間意識にとらわれている。「タイパ」という言葉がはやりましたけど、アマゾンなんかの本のレビューを見ても、本について悪口を書いている人は「金返せ」とはあまり言わないんですね、「時間を返せ」と言います。「こんなつまらない本を読ませやがって」と。人間の時間は有限です。藻谷浩介さんが「国民総時間」（GDT）という概念を提唱していますが、「Gross Domestic Time」というのは、われわれの社会の国民総時間という意味で、人口×24時間×１年分というのが、われわれの社会の中の総時間になります。年間の国民総時間は、人口が減れば当然減っていきます。

　それに対して、コンテンツ産業というのは、さっきの面倒くさいビジネスと同じように膨大な数が増え続けています。AIによって、ますますとんでもない数になるでしょう。国民総時間は減っていくのに、消費対象であるコンテンツの時間は膨大に膨れ上がっていますから、一つ一つのコンテンツが、その限られた、有限な国民総時間を奪い合うために壮絶な争いを行っているのが現状です。かつてであれば余暇の時間は本を読むぐらいしかなかったのが、テレビ、インターネット、映画、ゲームと、いろいろな余暇の奪い合いの中に小説も置かれている。そのような有限の時間をどうするか考えたときに、やはり先ほども言いましたように、情報の圧縮、あるいは面倒の外部化をどうしてもやらないと、私たちは自分の貴重な80年とか90年とかの人生を、ほとんど情報処理で終わってしまうことになります。

　それからリスク管理。医学の分野でサーベイランスメディスンという呼び方がありますが、基本的に病気になったら医者に行く、医者の仕事の対象は病気の患者に限定されていて、病気になったところから始まるのが、かつての医学でした。ところが、今の予防医学は、病気になるのは困るから、病気にさせないというところから始まるわけですね。そうするとその対象は、大半の健康な人の中の一部の病気の人ではなくて、全ての人になります。そして、腰が痛いとか胸が痛いとか、何か具体的な病気について診るのではなく、基本的には全項目についてモニタリングし続けるのが予防医学になります。すると、当然にまたこれも膨大な情報を扱うためのリソースを求められるわけですね。

　もう一つ、2000年代以降、対テロ戦争というのが非常に大きなインパクトがあ

りました。テロというのは人が死ぬわけですから、起こってからの対処では遅い。警察権力もかつては、一応は犯罪が起こってから犯罪捜査が始まって、犯人を逮捕、起訴するということが一つの目的でしたが、犯罪の予防やテロの予防ということになると、全ての市民が監視対象になる。そして、全ての言動が監視対象になっていくわけです。そうでなければ予防できないという考え方ですね。

　これらの医学や、安全保障・治安に関して顕著なように、私たちは取り返しのつかない事態が起こってはいけないという予防的な観点から、特定の具体的に起こる出来事ではなくて、起こりそうな出来事全てを事前に扱う社会になっている。到底人力で対処できる事態ではないわけで、AI などを使いながら対処していくしかないわけです。

　さらに、未来の予測可能性は非常に低下していると言いますか、特にテクノロジーの進歩によって社会がどうなっていくのか、本当に分からなくなってきている。たった10年前に、今の社会はこうなっていると予想できた人はほとんどいません。20年前、30年前なんてなおさらですが、そうしますと、未来をそれでも何とか予測可能なものにするために、AI を使ってシミュレーションを重ねながら考えていかなければなりません。そういったリスク管理やコスト管理に関しては、専用 AI がすでに非常に活用されていて、AI カメラによる在庫確認など、実際にはるかに効率的に行われています。社会の現状を維持するために実際にAI が使われていて、AI 抜きでは、もう現状の生活を維持できないところまできています。その意味で言うと、漠然とした AI 脅威論というのは当てはまらない話になっています。

　また、われわれの社会は分業体制によって成り立っていますが、その分業の中には、人間がやってもいいという仕事と、あまりやりたくない仕事がどうしても含まれています。そういう人間がやりたくないような仕事というのは、そもそも本当はロボットや AI が担うべき仕事だったのではないか。19世紀のオスカー・ワイルドは、冬の寒空の下でどぶさらいのような仕事をしている女の子を見て、そもそも人間がやるべきではなくて、最初から機械がやるべき仕事だったんだ、というようなことを『社会主義の下での人間の魂』という本の中に書いていますけど、ちょっと逆説的な発想をすると、人間の仕事が奪われると言われていますが、実のところ、人間がすべきでないような仕事は、やはり AI に任せた方がい

いんじゃないかというのは、実は今の社会のコンセンサスになりつつあるのではないか。

　人間の仕事が奪われると散々言われながら、一方で日本では労働者不足ということが非常に議論されている。この話をうまくマッチングできないものだろうかと考えます。最近ニューヨーク・タイムズに出ていた議論の中では、とある資産運用会社の予測として、だいたい2020年代後半には、AI がアメリカ経済を非常に変革していく、その際に、大体80％の職業において、20％ぐらいの労働時間が節約されるだろうとしていました。これは AI によって人間の仕事は全部なくなるという予測よりも、かなり現実的な予測じゃないかと。実際に労働力不足ですから、社会の80％ぐらいの職業で、20％ぐらい AI が、今人間がやっていることを代替してくれるというのであれば、これは非常に穏やかに受け止められる未来予測ではないかと思います。

AI を運用しているのは人間

　結局のところ、AI 脅威論とは何かと言いますと、AI がコントロール可能なもので人間にとっての便利な道具である以上は、脅威でもなんでもないわけです。しかし、一つは判断に関わることを AI が自律的に行うようになったときに、人間はそれを受け入れるのかどうか。特にその判断の結果、非常に良くないことが起こったときに、その責任というのはどう取られるのか。AI の判断の連続によって、AI がコントロールできなくなってしまう状態を、われわれは非常に恐れているわけです。あるいは AI の生み出すものによって、人間が非常に影響を受けて、例えばフェイクニュースとか、社会自体がコントロールできなくなってしまう状態を非常に恐れている。それが AI 脅威論の一つの論点なんじゃないかと思います。

　そこできょうの「自己像としての AI」という話をしたいのですが、では AI の倫理的判断というのは、われわれは人間と比較して、どう評価することができるのか考えてみます。例えば今、イスラエルのパレスチナへの攻撃において、AI 兵器が活用されています。悪夢のような被害を出し続けていますが、それを運用しているのは、やはり人間なわけです。ですから、責任主体が人間にあるこ

とははっきりしている。あるいは AI に、果たして人間の世界のいろんな事象を判断できるのかどうかの一つの試みとして、例えば、パレスチナのハマスという組織がイスラエルの人を何百人も殺したと。それに対してイスラエルという国家はどうすべきかという政治的な判断を AI に尋ねたとします。すると AI が「もうガザ地区ごと破壊して、子供も含めてパレスチナ人を全員抹殺しろ」という答えをしたら、AI というのはとんでもないことを言うなとなるでしょう。とても AI に人間の世界の判断を任せられないと思うでしょうが、現実にそれをやっているのは人間です。人間の中に、その倫理観のグラデーションというのが、優れた人から劣った人まである。そうすると、人間の AI の倫理的判断能力ということを単純に比較しようと思っても難しい。むしろ、われわれは AI に脅威を感じている、AI がもしそんなことを言い出したらどうしよう、こんな暴走をし出したらどうしようということは、ほとんどは実際に人間社会で起こっている、あるいはかつて起こった、あるいはまた起こりつつあることの一つの自己像のようなものとして、そのことを考えているのではないか。

　ですから、AI がいかにあるべきかというのは、結局のところ、かなりの程度、人間社会がどうあるべきなのかということと表裏をなしていると言えます。そのことをわれわれは考えていかないといけない。どうでもいいような仕事、ブルシット・ジョブと呼ばれるような仕事は、われわれの社会の中で、確かにもう人間がやらなくていいことでしょう。例えば、ジャーナリズムの世界でも、官房長官の記者会見などをテレビで見ていますと、記者が全員ずっとパソコンに向かってパチパチ、パチパチ打っている。あれは、愚の骨頂でしょう。結局言っていることを書き留めるだけなら、各社がそれぞれにやる必要なんて全くない。あれこそ AI が代替して、記者はもっと何を質問すべきか、何を考えるべきかに集中した方がいい。

　その一方で、責任の問題になってくると、AI はもうちょっと複雑な問題がある。しかし、さっきも言ったように、実際のところは運用する側、あるいは、その AI をプログラミングする側には人間が関わっていますから、AI が本当に自律的に暴走していくということを考える前に、人間の側でそれを食い止める方法はいくらでもあるわけです。ですから、パレスチナで今起こっていることで、AI 兵器が民間人を殺していることを脅威に感じますし、それは実際に非常に恐

ろしいことですけれども、そもそもそういう活用の仕方をしている政権の問題を考えることが先ではないかと思います。

芸術創作はやっぱり人間？

　嫌な労働に取って代わる AI に関して異論はないと思うのですが、もう一方では、もっと人間固有の仕事だと思っているものを AI が代替していくことについてどう考えるかという問題があります。小説の世界でもよく言われますし、アートや音楽の世界で AI がどう活用されていくのかと言われていますが、実際には、われわれが考えるよりもはるかに活用は進んでいます。

　典型的な例は、実は先ほど引用したニューヨーク・タイムズの記事の中にもあったのですが、ファッションの分野です。具体的に挙げられていたのはアバクロンビー・アンド・フィッチというアパレルメーカー。服のデザインにかなり大胆に AI を採用していて、マーケティングをしながら次どういうデザインをしていくか、AI を参考にしながら、完全に任せるまではいかないのですが、アイデアを出させるようなところでは、かなり AI が活用されています。だいたいファストファッションみたいなブランドは、パリコレとかのコレクションを見て、いいところ取りでつまみ食いをして、自分のところのファッションに生かしながらデザインをしてきたような会社ですから、そういう企業にとって AI は非常に活用のしがいがあるわけですね。これは大いに問題もありますが。

　文学の世界でも、つい先日芥川賞を獲った九段理江さんの『東京都同情塔』という作品が、部分的にチャット GPT を活用していることが話題になりました。作品の中にチャット GPT みたいなものが出てきて、それが主人公に向かって語る場面で実際にチャット GPT にしゃべらせたことを引用するということで、その意味では、あまり問題のない使い方だと思います。それよりもっと本質的な部分で、プロットを考えたり、アイデアを出させたりということで生成 AI が使われていくのは、もう止めようのないことですね。つまり芥川賞のような賞の規定として、そういうものを使わないでくださいと規定を設けることはできますが、世の中で本を出すという営みの中で、使っていいとか悪いとかいうのは誰も決定できない。結果的に受け止めた側が、どうそれを思うかという以上の話にはどう

してもならないと思います。

　私自身の予測としては、やっぱりかなりの程度、AIによって作られた物語は世の中に広まっていくと思いますが、希望を込めて言うと、人間が書いたものが完全に淘汰されることも、おそらくないだろうと思います。その時に一つ考えるのは、私が作家としてデビューした頃には、文学の世界でもテクスト批評論というのが非常に盛んになりました。これは従来の文学鑑賞のように、作品を読んで、作者の意図を考えましょうと、国語のテストでもよく出ますけれど、そういう文学の読解は間違っているんだ。作者の意図はもう分かりっこないわけだし、それよりも、ある一つの作品がどのような別のテクストの影響関係によって織りなされているというようなことを分析して読むことが正しい読み方なんだとロラン・バルトなどが提唱して随分と広まりました。

　確かに、作者の意図に拘束されずに作品を読むことによって開けてくる新しい読解の可能性はあると思います。しかし、それは文学読解の中で、いくつもの作品読解のために考えなければいけないことの、たかだか一つに過ぎないわけですね、どういう影響で書かれているかというのは。実際のところは、バルトが言ったのとは逆に、われわれはやっぱり誰がそれを書いているのか、かなり関心を持って、影響されながら本を読んでいる。

　例えば、三島由紀夫だとか大江健三郎のような作者自身が非常に強いキャラクターを持っていて、その人たちの人生というのが、われわれの前に可視化されているときに、非常に意識的に、その存在を捨象してテクストだけを読むのは、ある種貧しい読解であり、やっぱりその人の人生を込みで読んだ方が面白い部分が、小説にはあります。と言いますのも、チャットGPTなどというのは年を取っていったり、衰えたり、調子が良くなったか、そういう80年から90年ぐらいの人間のライフサイクルの中にある波というものがないわけですね。しかし、私たちが小説を読むとき、あるいはベートーベンやモーツァルトの音楽を聴くとき、例えば年を取って耳が聞こえなくなってとか、一つの人生の流れの中でどういう作品が生まれてという、一種のドラマを受け止めながら、自分自身も年老いていく中である作品を聞いたり読んだりします。

　芸術創作とは作品を鑑賞するだけではなくて、作り手と受け手の一種の作品を介したコミュニケーションのような性質があります。その意味で言うと、やっぱ

り人間が作ったものを享受したい、人間が作ったからこそ、これはすごいんだという感覚は完全に失われることはないのではないかと思います。ですから、むしろ AI によって作られたものが氾濫すればするほど、人間が作ってこんなに面白いという価値が逆に高まっていくということがあるのではないか。音楽では結局、今メディアを通じて消費する、享受するというよりも、コンサート会場に行って楽しむという、ライブの体験が圧倒的に中心になっています。実際のところはパソコン上でドラムもキーボードもギターも全部作成することはできるのですが、ライブ会場に行くとやっぱり人間がドラムを叩いていたり、ギターを弾いていたりしていて、それを非常に喜ぶというところがあるわけです。そうすると、繰り返しになりますけれども、やっぱり人間が作ったものがいいという感覚は、少なくともそんなにすぐに消えるわけじゃないでしょう。私が生きている間ぐらいでは続くんじゃないかと思うんです。その後のことはもう知りません（笑）。もう AI で十分という人も出てくると思いますし、ちょっとしたストーリーなんかを AI に作ってもらうみたいなことは頻繁に行われると思います。

パートナーとしての AI の意義

　最後に仕事という観点ではなくて、人間の生活の中の一種のパートナーのような存在として生成 AI の存在をどう考えるか、少しお話ししたいと思います。これもまたある種懸念されていることであります。つまり、人間が AI を相手に恋をするなど、AI と共に生きていく、それによって人間の感情生活が大きな影響を受けていくときに、果たしてそれでいいのかという議論です。これはまさに私が書いた『本心』という小説なのですが、その『本心』という小説は母親を早くに亡くした主人公が母親そっくりの AI 人間をネット空間に作って、その AI の母親と一緒に生きていこうとする話です。どうしてそういう話を書こうと思ったかと言いますと、実はちょっと段階がありまして、以前に私は『かたちだけの愛』という義足をテーマにした小説を書きました。脚の美しさが自慢の女性の俳優が交通事故に遭って、脚を切断し義足を使うことになったという物語です。そのときに義足のユーザーの方にだいぶ取材をしたのですが、義足の美観に関しては非常にストレスを感じていました。私たちは人間の肉体というのは美しい、躍

25

動する人間の身体は素晴らしいと自明のことのように考えていて、化粧品とかスポーツ用品の広告とか、あるいはオリンピックのようなものを通じて、非常にナイーブに人間の生身の肉体を賛美していますが、義足というのは、その生身の肉体をまねしたものとして、価値観として、どこかで意識的、無意識的に序列化されているわけですね。本物の脚ではないと。そうしますと義足のユーザーの人は、やはり自分が使っている義足は本物の脚ではないんだとストレスを感じてしまう。

　しかし、この辺の事情ぐらいはわれわれも理解しているから、義足のユーザーに向かって自分が両足を備えていることをもって、「しょせん偽物ではないか」と言うひどい人はおそらくいないわけです。義足というのは一つの象徴ですけれど、つまり人間というのは、全てを兼ね備えて持っている人はいなくて、何らかの欠損を抱えながらみんな生きています。それを実質的には同じ何か、バーチャルリアリティーのバーチャルとは実質的に同じという意味ですが、実質的に同じもので埋め合わせながら、みんな生きている。それが現実であるときに、両足を備えている人が、その欠損を抱えながら実質的に同じものと共に生きている人に、偽物じゃないかということは、とても言えないわけです。

　しかし、この考え方をどこまで敷衍することができるかということです。例えば、恋人がいない人がバーチャル人間の恋人に恋をして、恋愛感情を抱いて、そのAIの人間と生きていくことに喜びを感じているときに、一つの反応としては気持ち悪い、人間相手じゃない恋愛をしていて何か病的、オタクっぽいという言い方があると思います。実際にゼロ年代の初めに恋愛ゲームがはやった時に社会はそういう反応でした。しかし、何か障害を抱えているのかもしれないし、精神的な問題、性格的な問題かもしれませんが、事情があってうまく人と恋愛できないけれど、AIの存在と一緒であれば非常に心が慰められると感じている人がいるとする。その人に対して、家族がいて、恋人がいてという立場の人がそんなの偽物じゃないかと本当に言えるのかどうかが、一つの私の問い掛けでした。私の結論としては、それを誰も批判することはできないのではないかと。

　現実の世界というのはやっぱり素晴らしくて、物理的世界こそが人間の生きる場所で、バーチャルリアリティーの世界、メタバースなんて本物ではないという言説はあると思います。しかし例えば現実の世界で非常に差別されている、ある

いは貧困に苦しんでいる、あるいは自分の生まれながらの身体と自分の生きたい性とが合致していないなど、いろいろな条件の人は、例えばメタバースの中であればより自分らしく生きられるというときに、そんなものしょせんは偽物だというようなことが言えるのかというと、やはり言えないでしょう。

　ですから、まあコピーとオリジナルには差がないみたいなことは、90年代は割と観念的に議論されたのですが、現在では、そういった倫理的な観点から、実はわれわれは本物と言われるものと実質的に同じものとは区別できない、してはいけない社会に生きているのではないか。しかし同時に、その当事者の実感としては完全に同じとは言い切れないのではないかということを経験するわけですね。例えば、私の小説で言えば、お母さんのような AI 人間をネット空間に存在を作って、それを人から批判されると非常に傷付くけれども、自分が接している感覚としては、やっぱり本当のお母さんではないという思いもどうしても抱く。ですから、この現実とあるべき姿とのギャップというのは、AI を巡りながら私たちはしばらく感じることではないかと思います。

　AI で人間を再現しても、変化していくことができません。人間の場合は絶えず変化していきます。年を取れば頭の回転も遅くなるかもしれないし、昔はとげとげしかったけれど性格が丸くなったりとか、あるいは人によってはネットの差別的な動画を見過ぎて晩年になってすごい差別主義者になったりとか、良くも悪くも人間は変化していきます。しかし、生きている人間であれば変化し続けながらも、その存在の同一性というのは信じることができます。昔とは違うけれど、その人はその人です。

　ところが生前のデータを学習して母親そっくりの AI を作り、その AI の母親が思いもかけないようなことを口にするように変化していくと、われわれはその AI を同一のものとして、おそらく認識できなくなると思うんですね。なんか具合が悪くなったとか、故障して変なこと言い出したというふうに思ってしまう。私たちがある存在とずっと一緒に居続けられるというのは、やっぱりお互いが変化しながら同一性を維持しているという、この微妙な関係の中で、恐らく私たちは誰かと共存していくことができるわけで、そうなりますと AI との共存はしばらくは面白いかもしれないけれども、だんだんその繰り返しに飽きてきたり、あるいは新しいことを言われると何か違和感があったりということで、実はそれほ

ど長く続かないのではないか。

　やっぱり私たちが人と付き合っていてどうしてうれしいか、あるいは幸福を感じるかというと、何か自分の言ったことや行為などを通じて相手の中に喜びのような感情が起こってくるさまを見るときですね。例えば、私が大きな賞を取ったときに実家の母親に言うと「あなた、よかったね」と喜んでくれる。そのときには、自分の母親の心の中に、何か喜びの感情が湧き起こっている感じが、見ていて非常にうれしいわけですね。

　ところが AI はどんなに模倣して「よかったわね」と言ってくれても、その中で、そういう喜びの感情が湧き起こってくることをやっぱりうまく感じ取れないと思うんです。そうすると、実際のところ、いくら「よかったね」と言われても、うれしくもなんともない。

　そういった次元のことになりますと、なかなか人間のパートナーとしての AI の意義は過大評価できないのですが、一方で、いじめられて苦しいとか、家族の不和で悩んでいたり、家庭内暴力で苦しんだりとか、そういう悩みを抱えている人が、人間の相談員にはなかなか相談しにくいけど、AI 相手だったら相談できるというケースもあると思います。実際に自殺対策など、ボランティアで「いのちの電話」に関わっている方自体も高齢化してきたり、数が減ってきたりと持続が難しくなっていく中で、実は AI が相手だったら好き放題に自分の言いたいことを言えて、それに対して受け答えをしてもらっているときに、しばらくの間、自分の苦しみを和らげることができるというような機能は AI 人間にも期待できるかもしれない。

　そういうような意味で、長くなりましたが、AI という存在が社会のどの部分で、どういう活用のされ方であれば許容でき、また、何らかの活用のされ方をしないと、そもそもこの社会自体が維持できないという前提を踏まえつつ、では実際のところ何が本当の脅威なのか、個別具体的に考えていくしかないというのが、われわれの現状なのではないかと思います。

質疑応答

司会　平野さま、ありがとうございました。まずは素晴らしいお話を頂戴しまし

た。それでは、参加者の皆さまから事前にいただいております質問をご紹介します。

　最初の質問です。既存メディアが信頼を失い、ネット情報の危険性を訴えても耳を傾けようともしない人もいます。そんな人たちとの信頼関係を回復するために、メディアはどのようなコミュニケーションを取るべきか。お考えをお聞かせください。

平野　先ほどお話しした内容にも含まれていますが、メディアとして誠実であり、ちゃんとした仕事をするということはもちろんあると思いますが、やっぱり仕組みの方から、システムの方から工夫していかないといけない。これはメディアが信頼に足る仕事をしていればきっと分かってもらえるんだというレベルでは、もうちょっと太刀打ちできない状況にはあると思います。各メディアの中で、共通して取り組んでいかなければいけない課題でもあると思いますし、また、AI によって代替できるニュースもあると思います。そういうものになるたけ人を割かずに済む分、調査報道などにしっかり時間を掛けて、人間にしかできないことを報じていくことが重要なんじゃないかなと。

　あるいは、政治が何かおかしいとか、社会はこうあるべきといった判断を示すということは、やはり人間が責任を持ってジャーナリズムを通じてやっていかないといけないと思います。ですから、やるべきことは、そのあるべき姿に忠実に仕事をするということと、それだけじゃなくてシステム側の問題に対処していかないと、いくら良い記事を書いても太刀打ちできないと思います。

司会　ありがとうございます。続いて 2 問目となります。今から何年後のことになるか分かりませんが、生成 AI が非常に発達した社会において、ジャーナリズムが果たすべき役割があるとすれば、どのような分野だと思われますか。

平野　繰り返しになりますが、やっぱり価値判断に関わる部分というのは、私たちが自分で考えていかなきゃいけないことです。私たちは生成 AI が今でも非常にミスが多いと問題にするわけですが、実はそれ自体がちょっとおかしいんじゃないかと思うんですね。つまり生成 AI というのは万能で、お任せしていたら間

違いのない答えをしてくれないとおかしいのに、生成 AI の答えはまだまだ信頼度が低いと文句を言うのですが、それはおかしいというのは人間が判断すればいいわけです。人間が判断しなくていいような仕組みをどこかで期待しているからこそ、生成 AI の間違いに非常に不満を持っている。

　しかし、インターネットでもウィキペディアでも、最初は間違いが多いじゃないか、ということがしきりに言われましたが、だんだん結構間違いもあるということを踏まえつつ、参照にする程度の扱い方にする、というような方法を身につけていったわけです。ですから、AI が今でも非常に正確に仕事をこなす分野と、まだ不安定な部分があると思いますけれど、それを見極めていくことが重要で、その中でジャーナリズムというのは、例えば今の政権がやっていることがわれわれにとってどうなのかとかいうことをしっかり自分で考える。やっぱりそれはAI 任せにできないことですから、やっていくべきじゃないかなと思います。

司会　では、最後の質問となります。先ほど人間のパートナーとしての AI というお話もありましたが、AI が究極的に人間的な振る舞いに近づいていくとお考えでしょうか。それとも、人間的な挙動とは全く異なる方向に発展していくとお考えでしょうか。

平野　これは人間がどちらを望むかということによると思うんですね。つまり、AI をあくまで壁か何かに埋め込んでおいて、話し掛けたら答える何かというふうにデザインしていくのであれば、永遠に人間っぽい感じはしないでしょうが、今の感じだとロボットやアンドロイドみたいなものを作って、そこに生成 AI を入れて、なるたけ人間のように振る舞うようなものを生み出そうとする力があります。ですから、そういうものも生み出されていくと思いますが、一方では、人間がただの便利な道具のように使いたい、あるいはもう奴隷のようにこき使いたいと思っている AI の場合は、人間の姿をしていると結構心理的に辛いところもありますから、むしろ人間に似せず無尽蔵の力で永遠に働き続けてくれるような、機械にしか見えないような外観を与えていた方がいいかもしれません。実際のところは両方の方向で進んでいくとは思いますね。2050年ぐらいになったら、普通に人間の形をして、人間のように会話するようなロボットというのが、いろ

んなところにいることになると思いますけれど、そうじゃないような場面で、必要に応じて活用できる形に特化したような利用というのも、かなり進んでいくとは思います。

司会　まだまだお話をお伺いしたいところでございますけれども、お時間が来てしまいまして、これで平野さまのお話を終了とさせていただきます。本当に人間の生きる喜びのようなことまで考えさせていただけるような、本当に素晴らしいお話でした。平野さま、ありがとうございました。

平野　ありがとうございました。

パネルディスカッション
生成AIとジャーナリズムの行方
～メディアに突きつけられる課題と対応力～

パネリスト

音 好宏
上智大学教授

福岡 真之介
弁護士

津山 恵子
ジャーナリスト

コーディネーター

竹内 薫
サイエンス作家

パネルディスカッション
生成AIとジャーナリズムの行方
～メディアに突きつけられる課題と対応力～

竹内 さあ、ここからパネルディスカッションということで、自由闊達（かったつ）な議論にしていきたいと思います。まず音さん、プレゼンテーションをお願いします。

ニューズルームはどう考えているか

音 上智大学の音でございます。私は新聞学科で教員を務めております。専門はメディア論でして、どちらかというと通信や放送領域の方が専門です。

　新聞学科という名称は今あまり多く使われていません。この名は、ニュースペーパーの新聞ではなく、ジャーナリズムを指しております。実は私、子どもの頃新聞はあまり好きではありませんでした。その理由は父親が新聞社に勤めていて、お酒を飲むと長いのがどうも昔から嫌で。なので、大学院に進んでも新聞領域ではない研究をしようと思って放送、通信の領域を専門にしました。ただ、お酒を飲むと長いのは、大人になってから DNA の問題だったと気が付きました。ここは笑っていただくところなんですけれども（笑）。

　本日私がお声掛けいただきましたのは、ジャーナリズム領域の学科にいる研究者として、ジャーナリズムと AI の関係をどういうふうに見ているのか少し整理しなさいということだと思います。私の身近なところで言うと、ご記憶がある方もいらっしゃるかもしれませんが、生成 AI が登場したときに大学は非常に大きく揺れました。私の大学でも早々に「生成 AI でレポートを作ってはいけない」と発表しました。さように、生成 AI はジャーナリズム領域以外のところでも非常に身近になっております。

　また、今年の 4 月から私立大学には合理的配慮の義務化が課せられました。これは何かというと、さまざまな形でハンディキャップがあったり、普通のコミュニケーションがとりにくかったりする学生に、教室でうまく対応することが義務化されたのです。私の学科ではそのような学生たちが生成 AI を使って、勉学を進めるうえでのコミュニケーションができるだけうまくできるよう試行実践を行っているところです。私たちの周りを見回しているとジャーナリズム領域でないところでも生成 AI が随分展開されています。

　まずは、生成 AI に関して、こんなふうに定義することができるのではないかと思います（**図 1**）。デジタルコンピューターや、コンピューター制御のロボットが、一般に知的生命体に関するタスクを実行するのが AI であって、その中でも特にテキストや画像、他のメディアに生成することができる人工知能のシステムの一種として、特にパターン学習やキャッチボールができるのが生成 AI と言えるだろうと思います。

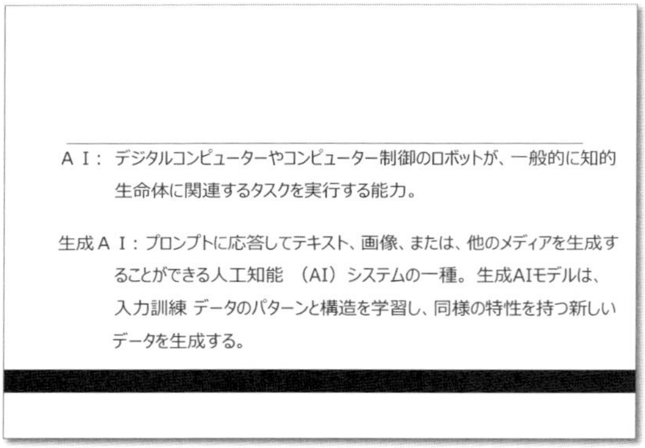

　では日本ではどうかと言うと、本日はプレスセンターでお話をさせていただいていますが、この建物にオフィスを持つ日本新聞協会は新聞協会賞を主催しています。この賞は、日本で最も権威があるジャーナリズムの賞だと思いますが、新聞協会賞で AI に関する賞は、こんな形で随分出されています（**図 2**）。放送に関しても『NHK スペシャル』の AI を使った作品に新

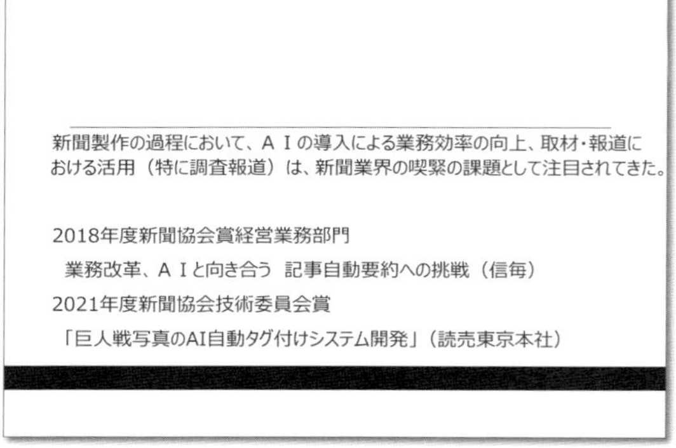

ＡＩ：デジタルコンピューターやコンピューター制御のロボットが、一般的に知的生命体に関連するタスクを実行する能力。

生成ＡＩ：プロンプトに応答してテキスト、画像、または、他のメディアを生成することができる人工知能（ＡＩ）システムの一種。生成AIモデルは、入力訓練 データのパターンと構造を学習し、同様の特性を持つ新しいデータを生成する。

図1

新聞製作の過程において、ＡＩの導入による業務効率の向上、取材・報道における活用（特に調査報道）は、新聞業界の喫緊の課題として注目されてきた。

2018年度新聞協会賞経営業務部門
　業務改革、ＡＩと向き合う　記事自動要約への挑戦（信毎）
2021年度新聞協会技術委員会賞
　「巨人戦写真のAI自動タグ付けシステム開発」（読売東京本社）

図2

聞協会賞が贈られたことがございます（図3）。

　日本の中でジャーナリズムと生成 AI がどう報道されてきたか、新聞記事を検索してみると、2022年ですが、生成 AI が発表されて以降記事になっているのは、アメリカをはじめ海外の動きが非常に多いと思います（図4）。日本の動きに関しては、最初はほぼ記事がない状況でした。最近は例えば、ここにお集まりの方で読売新聞を取られていらっしゃる方は、本日の1面に生成 AI の記事が出ていましたが、生成 AI と犯罪の関連性についての記事でした。そう考えると、日本では生成 AI に関しては、特に活字メディアにおいては「ちょっと使い方を注意しなさいよ」と。これは、新聞協会の昨年5月の声明です（図5）。生成 AI を言論空間の中でうまく使っていかなくてはいけないという声明が出されました。その後、「世界 AI 原則」に関して新聞協会も、それに関わる形でやり取りをいたし

図3

図4

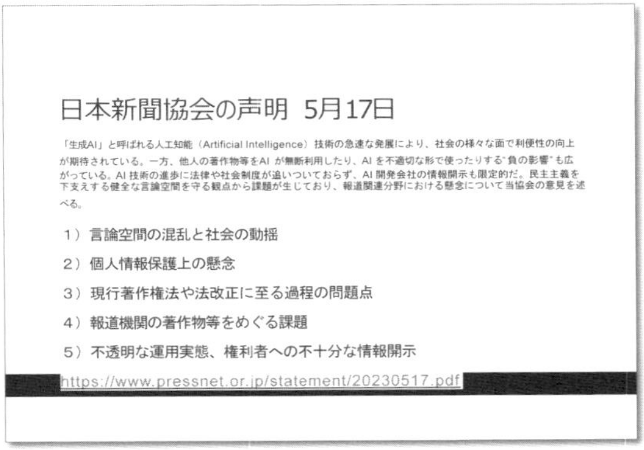

図5

図 6

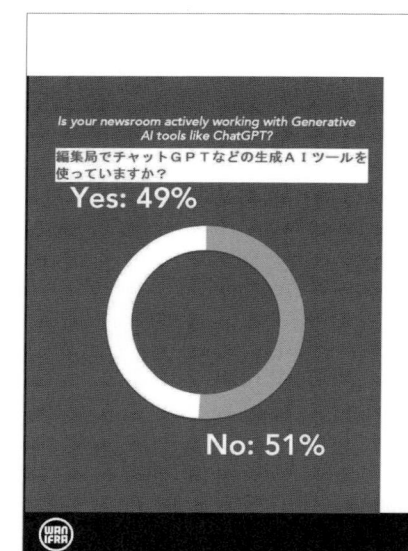

図 7

ました（図6）。

　この生成 AI に関しての報道はど
んな展開がされているかについてで
すが、実は私の大学では共同通信さ
んと包括協定を結んでいまして、そ
の一環として「AI とジャーナリズ
ムに関する研究」をコロナ禍前から
続けています。他方、放送に関して
も同様の共同研究等をやっておりま
すので、その事例を一部ご紹介しま
す。まず一つは海外です。WAN –
IFRA という、言うならば世界新聞
協会のようなところから発表された
「今、生成 AI に対してニューズル

音好宏氏

ーム（メディアの編集局）はどう考えているか」の調査です。

　これは2022年の調査になりますが、「編集局でチャット GPT などの生成 AI ツ
ールを使っているか」という質問については、半分ぐらいが「使っている」と回
答していました（図7）。それから「短期的に見て、生成 AI はジャーナリズム
や編集局の助けになると思うか」という質問については、「なるであろう」とい
う回答が7割（図8）。「生成 AI のツールは編集局などの役割や責任を変えると
思うか」という質問については「変わるだろう」が45％、「変わらない」が14％
（図9）。「生成 AI ツールの役割は補完的なものか、質の向上につながるのか」
という質問については「補完的」が50％、「両方」が39％、「質的に向上する」が
8％（図10）。「生成 AI をどのような用途で使っているか」という質問に関して
は、記事作成、検索、作業効率化、記事修正などの数字が出ています（図11）。
このような調査を片方で見ながら、もう片方で日本の様子などを私のところで行
ったシンポジウムや私の関わったワークショップを事例に紹介します。

All that said, newsrooms see the value in GenAI …

Despite some concerns, newsrooms are mostly positive in the short term – only 30% have doubts

Survey participants overwhelmingly (70 percent) say they see Generative AI tools as helpful in the short term. 2 percent of surveyed participants say they see no value in the short term; 10 percent are not sure, and 18 percent said it needs more development (more on that later).

As we will see in slide 12, many newsrooms are already taking advantage of these tools to create summaries, simplify their research, improve their workflows, correct text and more. Even the CEO of OpenAI admits there will be mistakes made and other issues cropping up as the technology evolves, but the feeling among publishers we have spoken to is that the industry (and other industries) are on the cusp of something big – **now is the time to experiment.**

In the short term, do you see it as a helpful tool for your journalists and newsroom?

70%

SAY YES!

短期的に見て、生成ＡＩはジャーナリストや編集局の助けになると思いますか？

10　SCHICKLER

図8

生成ＡＩツールは編集者などの
役割や責任を変えると思うか？

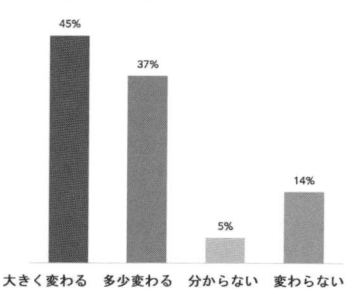

Do you think that GenAI tools change the roles and responsibilities of editors and / or other professionals?

… and most think more AI means role changes

82% see roles and responsibilities changing; 45% see significant changes

AI has often been associated with replacing human jobs or tasks. In fact, 38 percent of survey respondents said job security was one of their major concerns (see slide 17). Most management and experts have argued that will not be the case in the newsroom, but where **most agree is that job roles and responsibilities will likely change** with the increased use of GenAI.

A full 82 percent say the roles will change slightly or significantly; while 45 percent said significantly. Only 14 percent assume that the roles will not change. We have already seen some publishers introduce AI roles but it is easy to imagine roles for copy editing / proofing, for example, to be altered.

11　SCHICKLER

図9

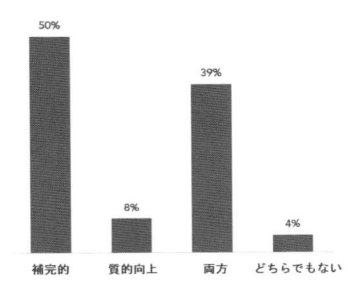

Most newsrooms see GenAI tools in a supportive role

The tools are seen as an important way to increase productivity and efficiency in a number of processes.

As we saw earlier, a number of newsrooms are already working with Generative AI to create summaries and bullet texts. You could argue that this function is both content creation (quality improvement) as well as workflow help (supportive). 39 percent of respondents see the use of AI in this fashion. 50 percent see the tools as purely a supportive role for newsrooms. 8 percent see it indeed as quality improvement.

生成ＡＩツールの役割は補完的なものか、質の向上に結びつくか？

Do you view these tools as serving more of a supportive role (research, ideation, workflow) vs. an actual quality improvement (content creation / correction) role?

- 補完的 50%
- 質的向上 8%
- 両方 39%
- どちらでもない 4%

16　　SCHICKLER

図10

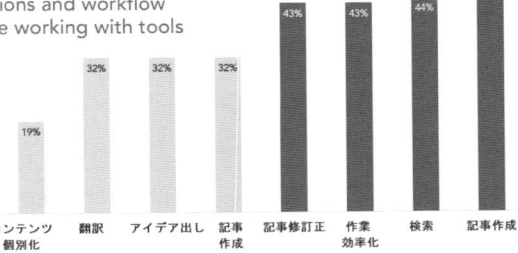

How newsrooms are already taking advantage of Generative AI

Text creation, research, corrections and workflow headline the ways journalists are working with tools

With all of the varied types of content journalists and editors need to produce for different platforms today, **text summaries / bullets seem a logical, practical use of tools** like ChatGPT as it can learn from a text a journalist wrote as opposed to the riskier version of asking it to write a summary about "Joe Biden's speech to Congress," for example. 54 percent of the survey participants are doing just that. More than 40 percent also use it for simplified search / research, correcting texts and improving workflows.

生成ＡＩをどのような用途で使っていますか

- コンテンツ 個別化 19%
- 翻訳 32%
- アイデア出し 32%
- 記事 作成 32%
- 記事修訂正 43%
- 作業 効率化 43%
- 検索 44%
- 記事作成 54%

In what ways is your newsroom actively working with Generative AI tools like ChatGPT?

12　　SCHICKLER

図11

図12

生成 AI は真面目？

　毎年11月に関西大学で開催されている「地方の時代」映像祭という映像フェスティバルがあり、私も上映会やシンポジウムの運営に関わっています（**図12**）。昨年そのワークショップで、日本のテレビ局が今、生成 AI をどう使っ

ているのかについて、その取り組みをいくつか紹介していただきました。テレビ局の現場がどう生成 AI と向き合っているかを理解するのに非常に興味深いのは、読売テレビがエンターテインメントに関して生成 AI を使った番組づくりをするそうです。そのきっかけは何かと言うと、先ほどの平野さんのお話とちょっと重なるかもしれませんが、1人暮らしをしている作り手の同僚が、ロボット掃除機のルンバで部屋の掃除をしていると、ルンバは勝手にぐるぐる部屋の中を動いて元々の充電していた場所に戻ってきて、その間に部屋はきれいになるという話なのに、実際のところは途中でじゅうたんに引っ掛かったり、それを人間が直しに行かなければいけなかったりというのが、何となく生成 AI と私たちの関係に似ていると思ったことでした。

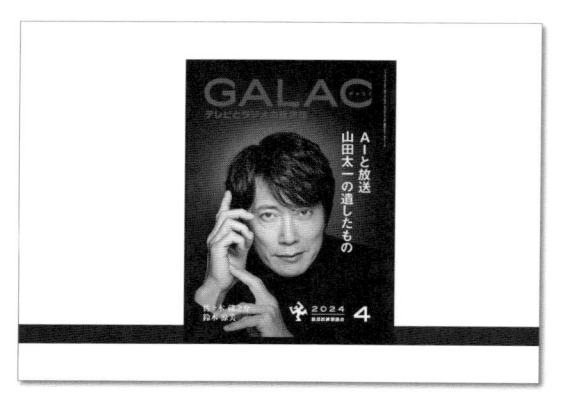

図13

　番組では、生成 AI にいろいろなことを言うと、その生成 AI は真面目に答える。つまり生成 AI はすごく真面目で、それでは笑いにつながらないので、どうやってエンターテインメントにしたらいいかを考えたと言います。例えば「おいしいカレーは？」というと、「ココナッツカレー」

といった回答が入ってきてしまうので、そうではなくて「日本人が初めて食べる究極のカレーはどうしたらいいの」みたいなことを生成 AI とやり取りをする中で、実はクリエーティブが生まれるのではないのかと考えて、そういうキャッチボールをすること自体が実は生成 AI を使っていくことのある種の可能性を探ることになっているのではないかというご報告でした。この話は文字化されていて、『GALAC』という放送専門誌に紹介されています。他にも事例を紹介していますので、ご関心がある方はお読みいただければと思います（図13）。

そう考えてみると、生成 AI は一方では注意しながら使わなくてはいけないけれど、もう片方で、そこから新しいある種の可能性を考えるときには、やっぱり生成 AI の真面目さというものを、どう人間のクリエーティブで乗り越えられるのかが、結構大事なのかなと思います。

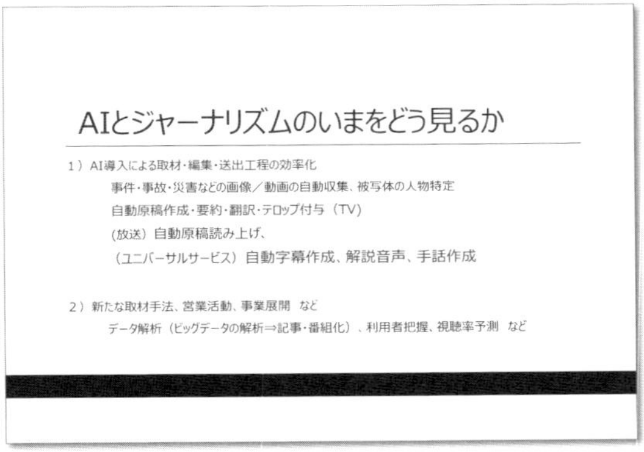

メディアにおける有用性と可能性

その上で、AI とジャーナリズムをどう考えるのかというと、AI 導入によって取材や編集や創出の工程を、どれだけ簡略化できるのか、または新たなデータ解析の仕方ができるのか（図14）。例えば、ビッグデータや利用者の把握が重要だと見ることができます。その上で先ほども平野さんからお話がありましたが、信頼性をどう担保していくかという問題、それから、それを活用する人材をどうつくっ

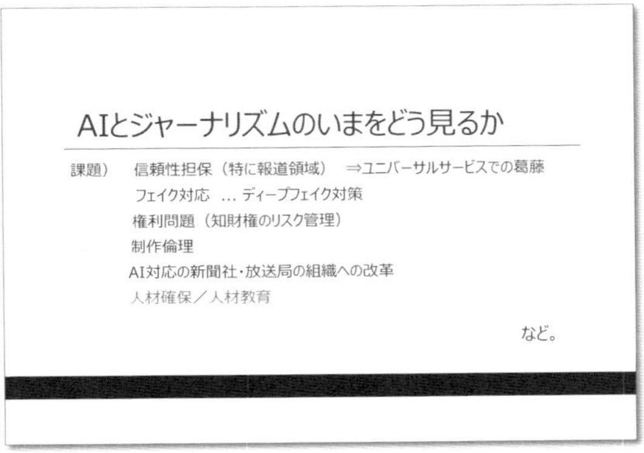

図14

図15

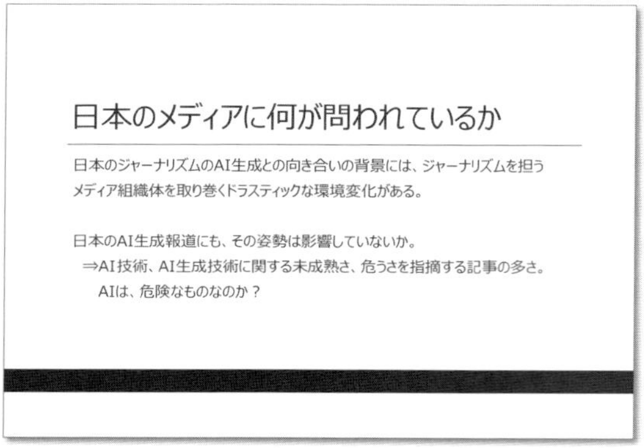

図16

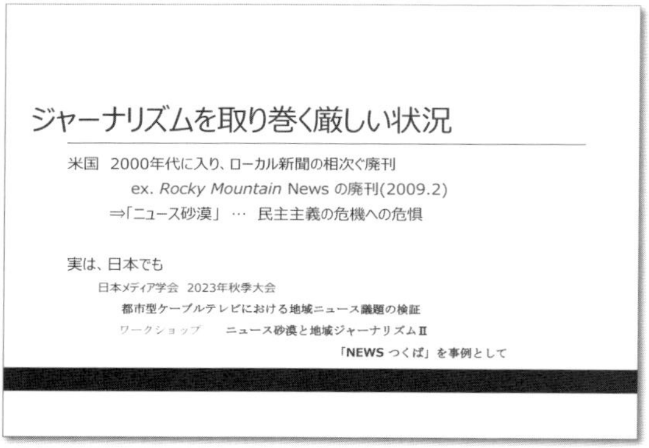

図17

ていくかが問われているであろう（図15）。海外の事例などを見ても、そのことは言われるであろうと。

　ただ、もう一方で、日本の一つの大きな問題は、生成AIとどう向き合うかというよりも、ジャーナリズムの組織体自体が持っている今の状況なのではないかと思います（図16）。例えば2000年代にアメリカの新聞ジャーナリズムは経営的に非常に厳しくなって、ニュース砂漠などと言われましたが、実は日本においてもローカルメディアの経営環境の厳しさが同様に指摘されております（図17）。私も参加している日本メディア学会で、このローカルメディアの問題は随分問われるところです。その上で、ご存知の通り新聞社、それから放送局など、伝統的なメディアの経営環境は厳しい状況になっております。

　もう片方で、生成AIの活用を見てみると、OECDが世界各国に向けて、さまざまなハンディキャップのある人たちに対してのサービスの向上、特に耳の不自由な方々に対する字幕のサービスや、目の不自由な方々への解説のサービスを日本はもっと高めるべきだという議論があります。私は総務省が作った研究会の取りまとめ役をさせていただいていますが、そのこととさっきのG7のサミットの様子などを見ると、言うなれば生成AIでハンディキャップを克服する仕組みはできないだろうかといった議論がされているのです。AIというものを、片方でガバナンスをきっちりとしつつ、もちろん権利の著作権のこともきっちりとしつ

つも、もう片方で障害者のハンディキャップの部分にこれらのテクノロジーを使うことは非常に有用なのではないのかという議論を進めております（図18）。この「視聴覚障害者等向け放送の充実に関する研究会」というところで議論が進められました。2022年に研究会の報告書をまとめた時に、音声を完全に文字に変換した場合に、文字が非常に多くなって視聴者に読みづらい部分があるので、例えばAIみたいなものを使って展開することができるのではないかという議論をしました（図19）（図20）。

まとめです。日本のメディアに何を問われているのかというと、多分こんなことが言えるのかなと（図21）。メディアの信頼性やジャーナリズムの価値向上は、もちろん重要ですけれども、AIの活用自体がそれを揺るがすことにはならないでしょうと。日本は欧米よりも慎重論がやや大きいのは、既存のシステムの枠組みの維持というところが

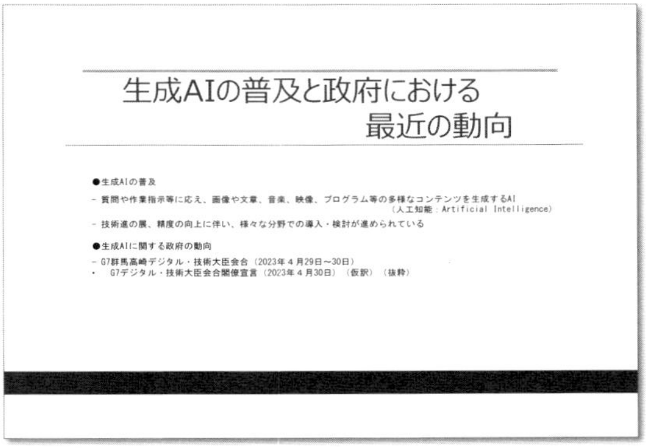

図18

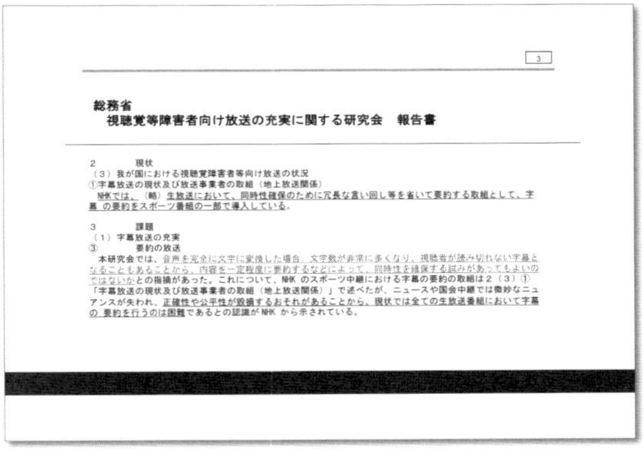

図19

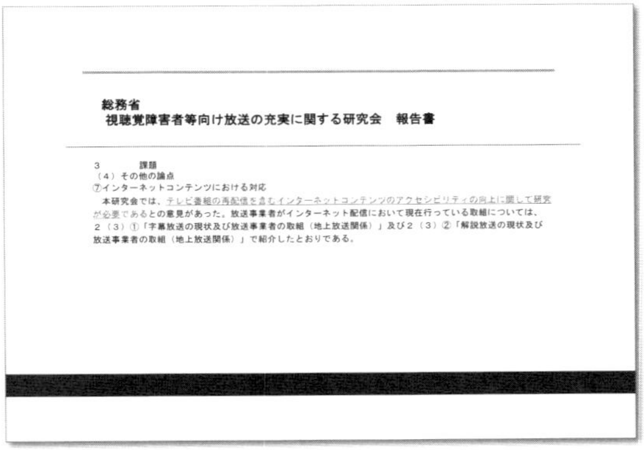

図20

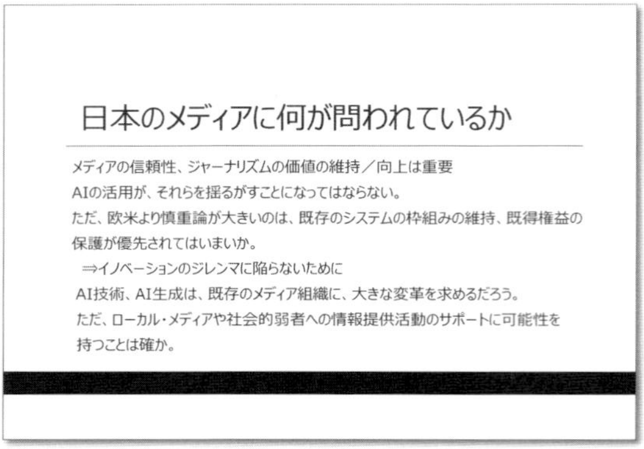

図21

日本のメディアに何が問われているか

メディアの信頼性、ジャーナリズムの価値の維持／向上は重要
AIの活用が、それらを揺るがすことになってはならない。
ただ、欧米より慎重論が大きいのは、既存のシステムの枠組みの維持、既得権益の
保護が優先されてはいまいか。
　⇒イノベーションのジレンマに陥らないために
AI技術、AI生成は、既存のメディア組織に、大きな変革を求めるだろう。
ただ、ローカル・メディアや社会的弱者への情報提供活動のサポートに可能性を
持つことは確か。

非常に前面に出ているのではないか。その上で、AI 技術や生成 AI の活用は既存のメディア組織に大きな変革を求めるでしょうが、特にローカルメディアや社会的弱者への情報提供を考えると、その可能性を持つことは確かでしょうと。そこを冷静に見据えていくことが重要なのではないかと思います。私の話はここまでにさせていただきます。ありがとうございます。

竹内　はい、音さんどうもありがとうございました。ちょっと質問があります。先ほど、アメリカの例で編集の場面で大体50％くらいの方々が生成 AI を使っているという話がありました。例えばですが、記者の役割である調査や取材には、AI は入ってくるんですか。

音　この質問に関しては多分津山さんのご報告のときにしていただいて、私も例えば AP 通信が今年 4 月にした調査データなどをいくつか持っておりますので、そこで併せてお答えする方がいいかもしれません。

竹内　では今のご質問については後ほどまた伺います。それでは福岡さん、プレゼンテーションをお願いいたします。

文章が生成される仕組み

福岡　ただいまご紹介いただきました弁護士の福岡と申します。本日は生成 AI と著作権ということでお話しします。新聞協会もおっしゃっている通り、やはり生成 AI と特に新聞などの著作物については著作権が問題になります。

　平野さんのような売れっ子作家の前で紹介するのは恥ずかしいですが、私もジェネラティブ AI に関して『生成 AI の法的リスクと対策』という本を出版させていただいております（図1）。分かりやすく書いたつもりでもいかんせん法律の本でつまらないのですが、平野さんの本を読

図1

む前に読むと平野さんの本が2倍面白く読めるのではないかと思います（笑）。今日のプレゼンテーションは10分ほどで全てを語り尽くせないので、これを読んでいただければ、私の本も売り上げが伸びてありがたく感じます（笑）。

　生成 AI の仕組みについて簡単に説明しますと、チャット GPT というのはこ

図2

ういうもので（図２）、例えば「新聞記事の書き方を教えてください」と質問す
ると、書き方を教えてくれるということですね。この下の赤い欄に、メッセージ
を入れる。これはチャットと言われるもので、ここに「新聞記事の書き方を教え
てください」と入れると、これをプロンプト（命令文）と言いますが、それに応
じて答えが出てくるのがチャット GPT です。

　それで、どういうふうに作っているかというと、学習段階と利用段階というの
があって、学習段階はオープン AI やマイクロソフト、メタが、このチャット
GPT のような、LLM という大規模言語モデルを作る過程で、いろいろなデータ
を加工して学習用データセットというものを作ります。（図３）。これはものす
ごく膨大な量をデータとして集め、それをプログラムに入れて学習させて、チャ
ット GPT のような学習済みモデルを作ると。それが完成すると、皆さんがさっ
きの質問を入力データとしてプロンプトとして入れると、答えが出てくる。これ
を AI 生成物と言います。

　文章系の生成 AI はどういう仕組みかと言うと、例えば「昔々」と文字を入れ

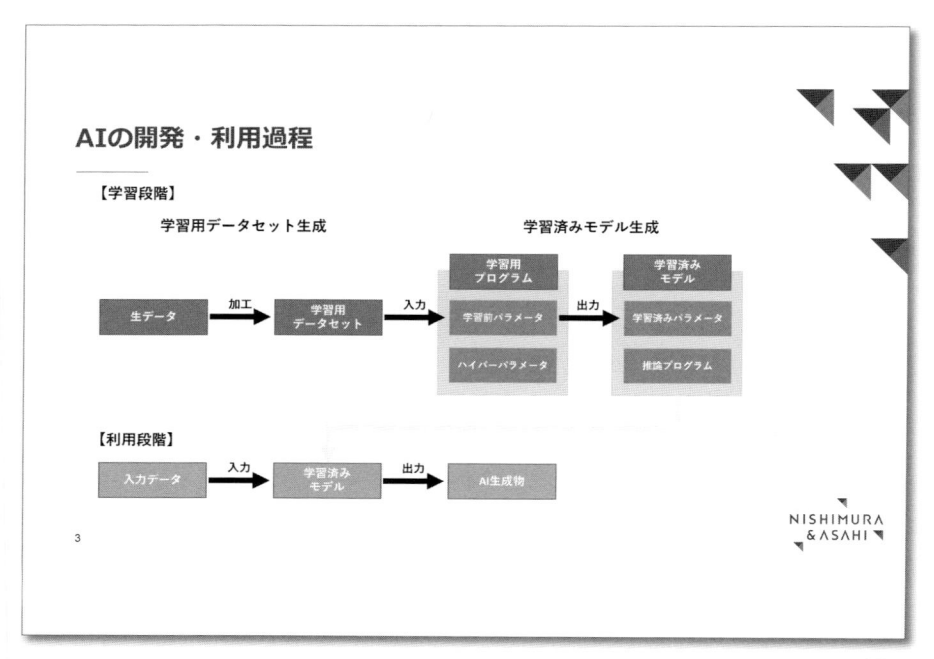

図 3

ると、AI が「ある所に」という文章が続くと予測するんですね。で、「昔々ある所に」と入れると、「おじいさんとおばあさんが住んでいました」みたいなことが次々と予測されます（**図4**）。なぜこういうことができるかというと、膨大な文章をデータとして学習すると、そういう文章は日本の昔話にいっぱいあるので、次にこういう文章が続くんじゃないかと予測するという仕組みです。ですから、やっていることはデータをデータベースに保存して引き出すのではなくて、データを解析し

福岡真之介氏

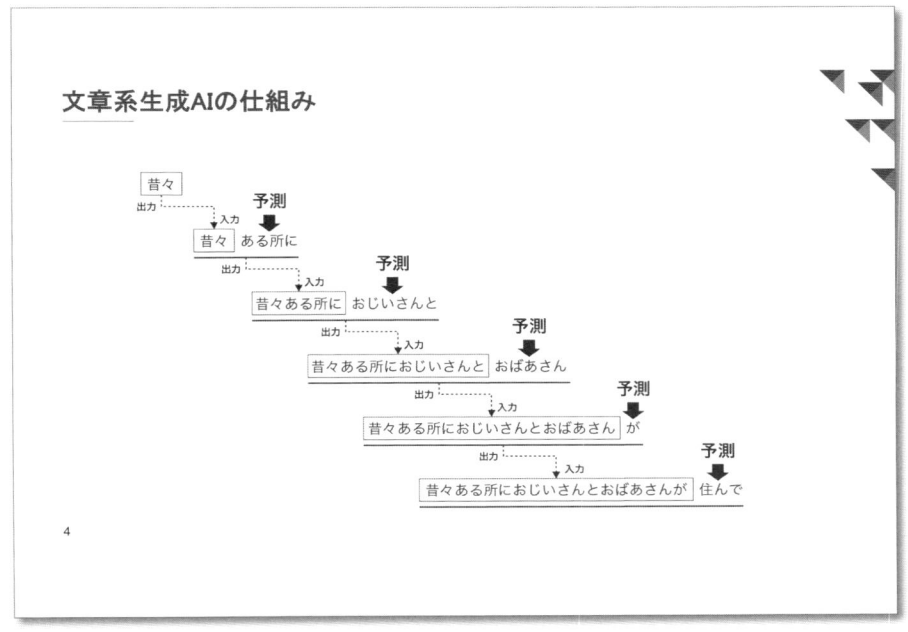

図4

て、ある単語から次の単語を次々と予測している。その精度がめちゃくちゃ高いということですね。文脈も理解した上で、次の言葉を予測しています。

　ここで言えることは二つあって、一つはデータベースからデータを引き出しているわけではないので、コピーではないということ。二つ目は予測しているということです。予測というのは確率的な予測なので、そういう意味で言うと100％確かではないわけです。データベースに保存したものを引き出してくるんだったら、元のデータが正しければ100％正しいとなるわけですが、これはあくまでも確率的な予測をしているだけなので、間違うことが当然ある。生成AIが間違うことがあるのは、理論的な根拠があるということですね。確率である以上間違いは必ずあると、そういう仕組みになっています。もちろん精度は上がっているので、間違いは減ってはいますが、本質的にはやっぱり間違うものであるということです。

　そういうことを前提に、生成AIと著作権の話をしますと、この問題を考えるには、オープンAIやマイクロソフト、メタなどが開発するAIを開発する段階

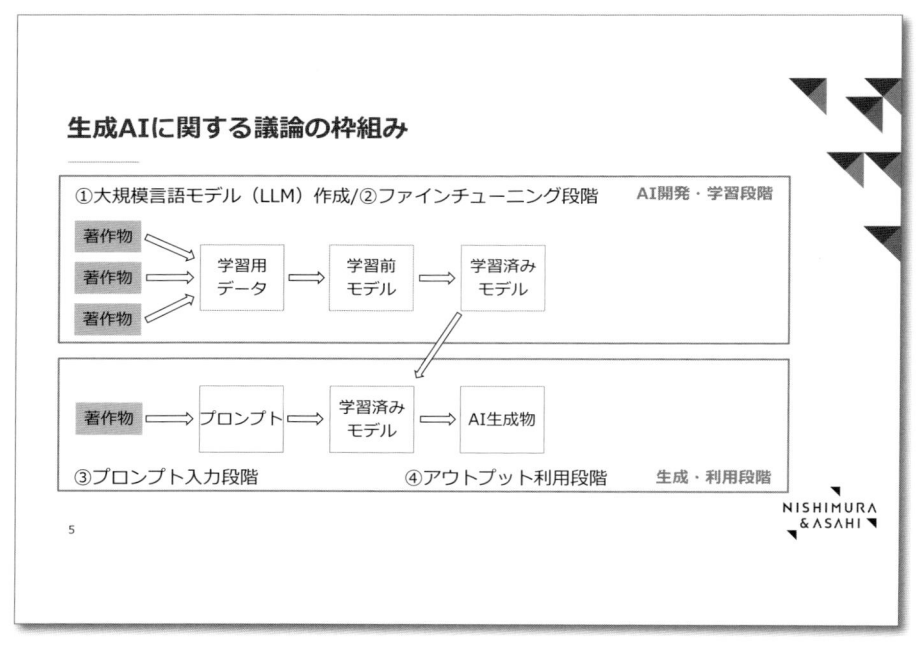

図5

の著作権の話と、利用者が
AI を利用するためにプロン
プトに著作物を入れるという
生成・利用段階の二つの話が
あります（**図 5**）。具体的に
どういう論点があるかという
と、主に四つあります（**図
6**）。

開発段階では、学習用デー
タに記事などの他人の著作物
を無断で利用することが著作
権侵害になるかという点で、
新聞社が AI 開発企業を訴え
るのかどうか、そういう話が
あります。利用段階では、プ
ロンプトに他人の著作物を無
断で入力することが著作権侵
害になるかという話がありま
す。皆さんがチャット GPT
のプロンプトに平野さんの小

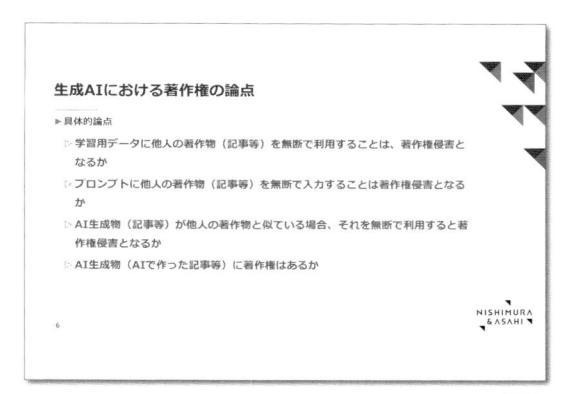

図 6

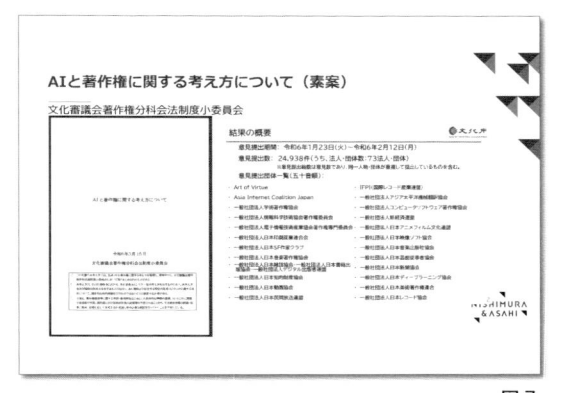

図 7

説の文章を入れた場合、著作権侵害になりますかという話です。次に、AI 生成
物が他人の著作物と似ている場合。AI で作った記事が他社の記事に似ていたと
き、それを無断で利用すると著作権侵害になるかという話。最後に、AI 生成物、
AI が作った作品などの著作権をそもそも人間が持つのか。これについては、こ
の前、文化庁の文化審議会で「AI と著作権に関する考え方について」が公表さ
れております。非常に詳細に議論されていますが、あくまでも議論であって裁判
所の見解ではないので、最終的にどうなるかはまだ分からない状況にはあります
（**図 7**）。ただ、非常によく議論されていますので、参考になるとは思います。

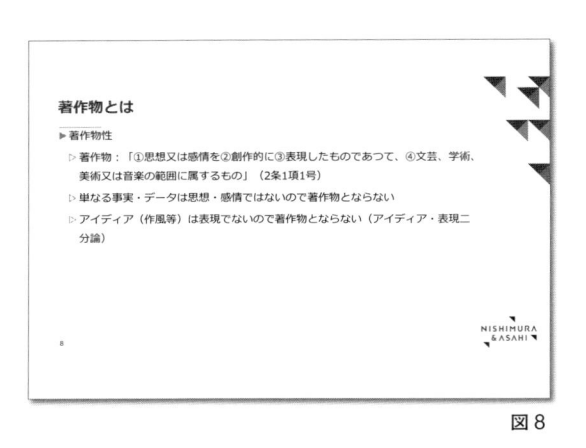

図8

著作権として保護される記事とは

　そもそも著作権として保護されるには、著作物である必要があります。著作物とは何かというと、ありとあらゆるものが著作物というわけではありません（図8）。それは著作権法に規定されていて、2条1項1号に「思想または感情を創作的に表現したものであって、文芸、学術、美術または音楽の範囲に属するもの」という定義があります。例えば、新聞記事は全部が著作物かというと必ずしもそうではなく、著作物であるものとそうでないものがあって、この要件に当たるか当たらないかに議論は帰着するわけです。

　分かりやすく言うと、単なる事実やデータは思想や感情ではないので、著作物にはなりません。あと、アイデアは表現ではないので著作物ではないということですね。どんなに素晴らしいアイデアでも、それを盗用したとしても、それは著作権侵害にはならない。そもそも著作権法では保護されていないということです。例えば、「蓮舫が東京都知事選に出馬」というニュースの見出しを書いたとして、それに著作権があるとしたら、もう後追い記事を書けなくなるわけですね。そうすると新聞記者の方も困ってしまう。著作権というのは、ある著作物を独占する権利として他の人を排除してしまうという逆の面があるので、そういう意味では表現を独占するのは問題がありますので、事実については著作物としては保護されないということです。でも、例えばですが「蓮舫が東京都知事選に出馬！小池都知事と対決！赤いきつねと緑のたぬきの対決だ！」と書いてあれば、それはちょっと表現として可能性が出てくるかもしれません。全てが著作物ということではないです。

　話は戻りまして、開発段階での著作権の侵害の話です（図9）。新聞記事が、IT企業に利用されるときに著作権侵害になるかという話です。記事などのデー

モデル作成段階（①②）

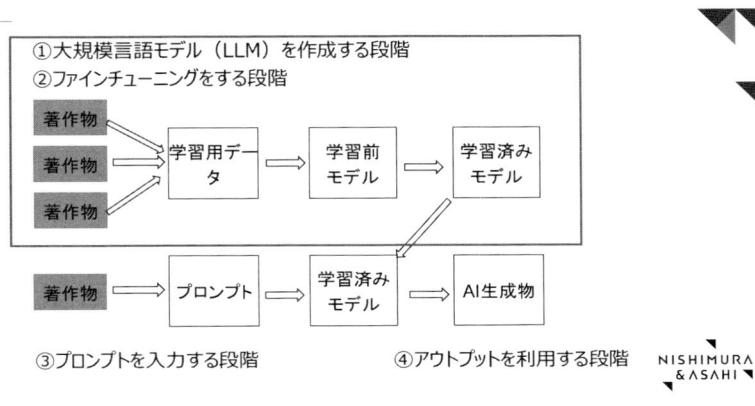

①大規模言語モデル（LLM）を作成する段階
②ファインチューニングをする段階

著作物 → 著作物 → 著作物 → 学習用データ → 学習前モデル → 学習済みモデル

著作物 → プロンプト → 学習済みモデル → AI生成物

③プロンプトを入力する段階　　　④アウトプットを利用する段階

NISHIMURA ＆ASAHI

9

図9

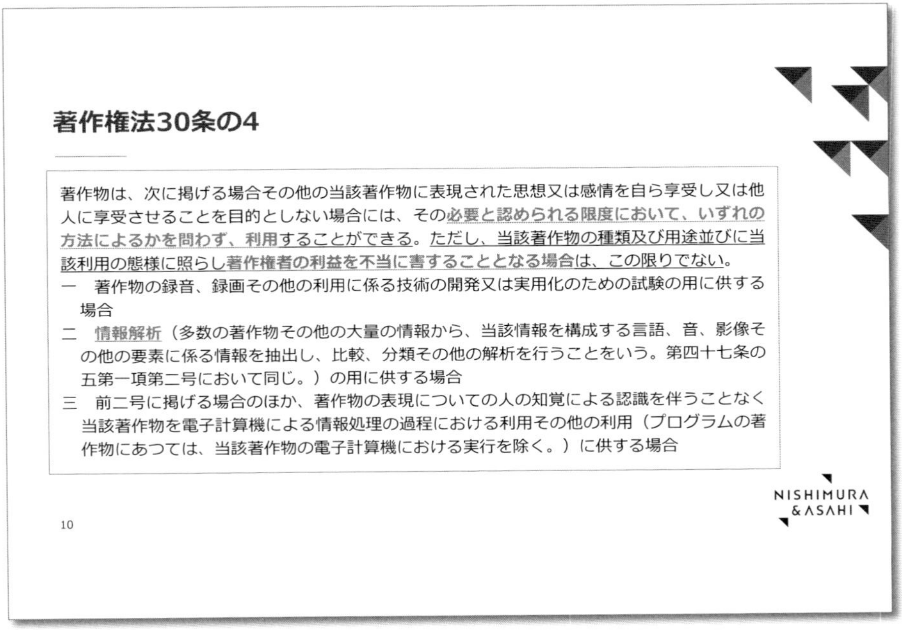

著作権法30条の4

著作物は、次に掲げる場合その他の当該著作物に表現された思想又は感情を自ら享受し又は他人に享受させることを目的としない場合には、その必要と認められる限度において、いずれの方法によるかを問わず、利用することができる。ただし、当該著作物の種類及び用途並びに当該利用の態様に照らし著作権者の利益を不当に害することとなる場合は、この限りでない。

一　著作物の録音、録画その他の利用に係る技術の開発又は実用化のための試験の用に供する場合

二　情報解析（多数の著作物その他の大量の情報から、当該情報を構成する言語、音、影像その他の要素に係る情報を抽出し、比較、分類その他の解析を行うことをいう。第四十七条の五第一項第二号において同じ。）の用に供する場合

三　前二号に掲げる場合のほか、著作物の表現についての人の知覚による認識を伴うことなく当該著作物を電子計算機による情報処理の過程における利用その他の利用（プログラムの著作物にあつては、当該著作物の電子計算機における実行を除く。）に供する場合

NISHIMURA ＆ASAHI

10

図10

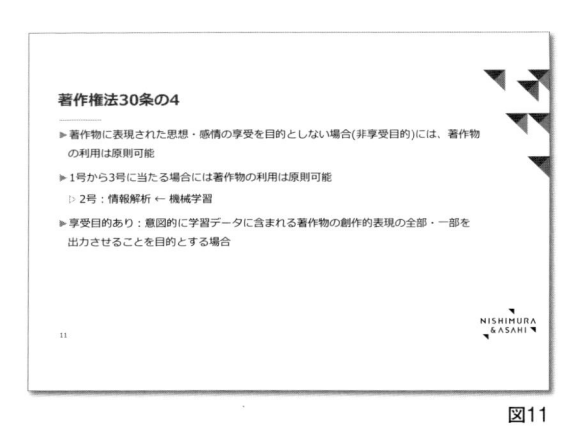

著作権法30条の4

▶ 著作物に表現された思想・感情の享受を目的としない場合(非享受目的)には、著作物の利用は原則可能

▶ 1号から3号に当たる場合には著作物の利用は原則可能

　▷ 2号：情報解析 ← 機械学習

▶ 享受目的あり：意図的に学習データに含まれる著作物の創作的表現の全部・一部を出力させることを目的とする場合

11

NISHIMURA & ASAHI

図11

タが AI に学習されるということは現に行われているわけで、どういう問題があるかですが、これについては日本の著作権法は、基本的にはその著作物を利用するのは自由、要するに著作権侵害にならないという規定が設けられています。法律で言うと、著作権法30条の4になります（図10）。ここで条文を説明することはしませんが、何を言いたいかと言うと、著作権法の発想として、文章であればそれを読む、映画であればそれを鑑賞するなど、要するに人間が享受する、楽しむことによって著作物は初めて利用されるんだと（図11）。それに対して人間がお金を払うという部分を押さえれば、著作権はある意味ボトルネックを押さえることができるので、そこでお金を回収してくださいと。逆にそうでない、人間が楽しまない利用の形態については著作権侵害になりませんよと、そういう規定なんですね。

　例えば、今このシンポジウムで私が話をしてオンライン配信されていますが、いろいろなコンピューターを通って、あるいは電子機器を通って配信されているからといって、その段階で著作権侵害になるといちいち言っていたら配信なんかできなくなってしまうわけです。ですから、そういう機械が処理をしているものについては著作権侵害にはならないというのが著作権法30条の4の規定ですね。機械は、平野さんの小説を楽しむことはないと思われるわけです。人間が楽しむからこそ、そこを著作権として押さえようという発想です。新聞記事などの著作物を機械が学習しても、機械はそれを楽しむことはないわけだから、そもそも機械を使って学習させてもそれは著作権侵害になりませんよ、というのが日本の著作権法の法律です。

　逆に楽しむような使い方、つまり AI を使って元の新聞記事を出力したり、平野さんの小説の表現を出力したりということならそれは享受目的があることになるので、著作権侵害になるというのがこの法律です。

もう一つ、原則として著作権侵害にはならないと申し上げましたが、ただし書きというのが、この法律の条文にあって「ただし、著作権者の利益を不当に害することとなる場合は、この限りでない」と書いてあります（**図12**）。つまり機械が学習しても、基本的には著作権侵害にならない

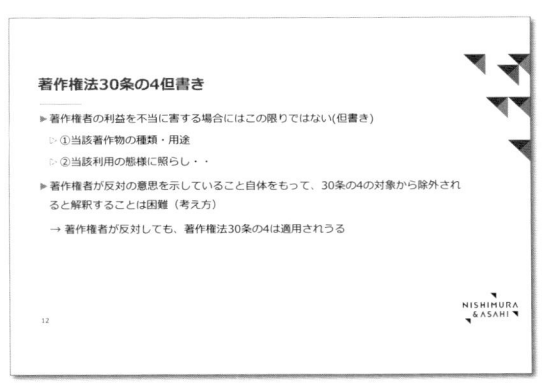

図12

けれども、著作権者の利益を不当に害する場合には、著作権侵害になると言っています。その要件として著作物の種類、用途や利用の態様に照らして、著作権者の利益を不当に害する場合には著作権侵害になるよということなんですが、この法律はそこはあまり具体的なことは述べていないし、裁判例もないということで、どういう場合がただし書きに当たるのか議論されています。

なお、著作権者が反対したとしても、これは30条の4のただし書きに当たらないと。つまり著作権者が反対の意思表示をしても、著作権法としては強行規定なので、著作権者の意図に反したとしても機械学習する場合には自由に使っていいという規定になっていると解釈されています。

類似性と依拠性

次に、利用段階で皆さんが他人の著作物をチャットGPT に入れることが著作権違反になるかという話です（**図13**）。機械学習をするときには大量のデータを入れるわけで、それは機械しか理解していないと考えられます

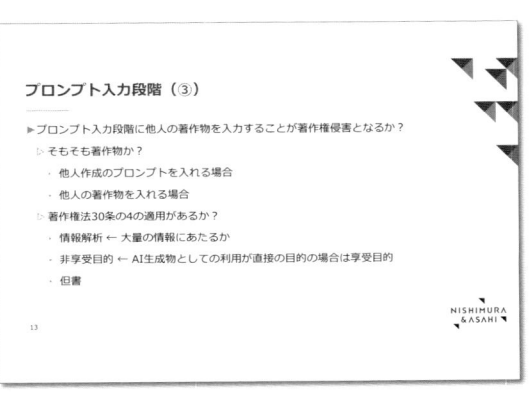

図13

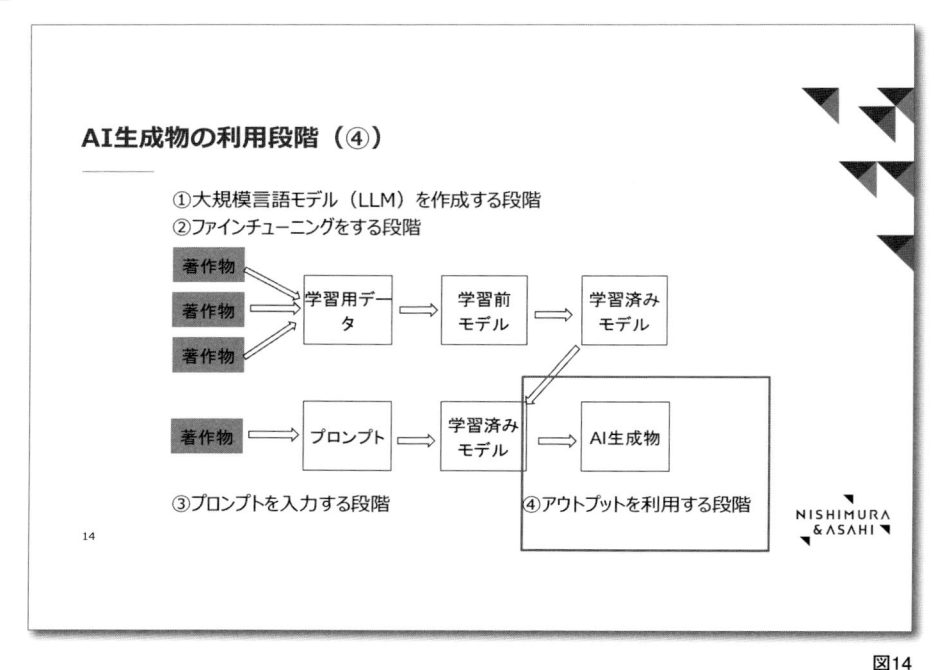

AI生成物の利用段階（④）

①大規言語モデル（LLM）を作成する段階
②ファインチューニングをする段階

著作物 → 学習用データ → 学習前モデル → 学習済みモデル

著作物 → プロンプト → 学習済みモデル → AI生成物

③プロンプトを入力する段階　④アウトプットを利用する段階

NISHIMURA & ASAHI

14

図14

が、大体プロンプトに入れるときは、出てくるアウトプットにこういう表現を出したいなという意図があることが多く、そうすると30条の4が適用されず著作権侵害になる場合が一般論としては多くなるかなと。つまり、享受目的があるという結論になり、享受目的があるが故に著作権侵害になる可能性が高くなると思います。

　最後に、チャットGPTなどで作ったAI生成物が他人の著作物と似た場合ですね（**図14**）。例えば、「ネズミの絵を作ってくれ」とAIに頼んで出てきたものが、ミッキーマウスそっくりだった場合に、それは著作権侵害になるかという話です。これは二つの要素で著作権侵害かどうかを判断されることになります。

　一つが類似性です（**図15**）。似ているかどうかということですね。だから出てきたネズミの絵がミッキーマウスに似ていないとダメですね。全然違うネズミだったら、それはそもそも侵害にならない。もう一つの要件が依拠性です。つまり、過去にミッキーマウスの絵に接していて、それを知った上でまねていることが必要です。逆に言うと、山の中に住んでいて、ディズニーなんか見たことがないという子どもがいたとして、その子どもが独自に描いたらミッキーの絵に似て

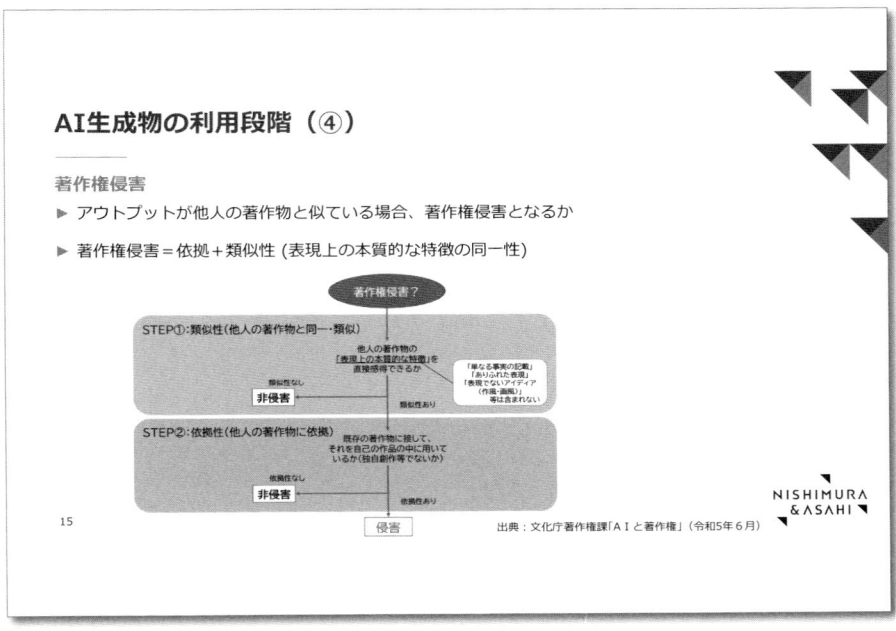

図15

いたということであれば、それは依拠性がないから著作権侵害にはならないということです。このような独自創作については著作権侵害にならないということになります。

　類似性の話ですが単に似ていたら類似性があるというわけではありません。「博士イラスト事件」という裁判例がありますが、この右と左は似ているように思いませんか（**図16**）。でも、東京地裁は類似性はないと判断しています。なぜかというと、ありきたりの表現なので類似性がないという判断です。博士というのは、こういう帽子をかぶって、白髪のおじいさんで、ひげが生えているのはありきたりの表現だということで、裁判所は類似性

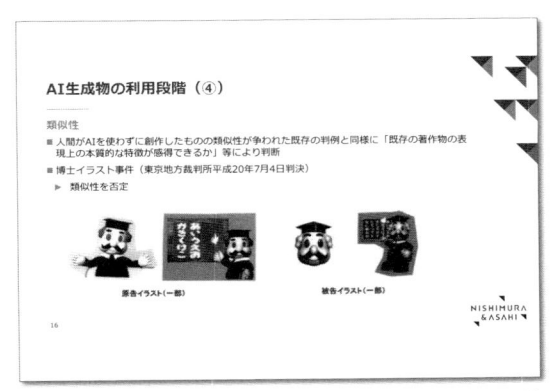

図16

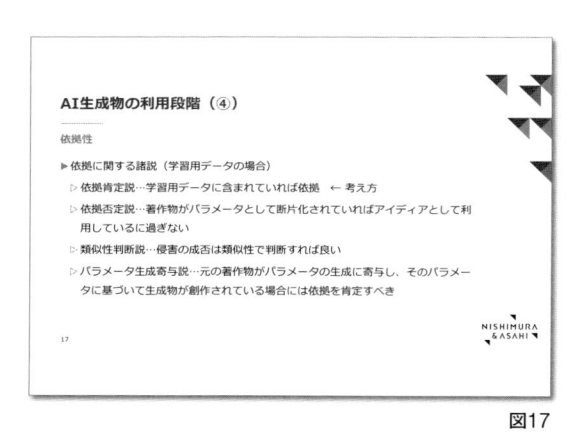

AI生成物の利用段階（④）

依拠性

▶ 依拠に関する諸説（学習用データの場合）
　▷ 依拠肯定説…学習用データに含まれていれば依拠　← 考え方
　▷ 依拠否定説…著作物がパラメータとして断片化されていればアイディアとして利用しているに過ぎない
　▷ 類似性判断説…侵害の成否は類似性で判断すれば良い
　▷ パラメータ生成寄与説…元の著作物がパラメータの生成に寄与し、そのパラメータに基づいて生成物が創作されている場合には依拠を肯定すべき

NISHIMURA & ASAHI

17

図17

を否定しました。似ているかどうかだけではなくて、それがありきたりの表現かどうかまでも問われるということです。

　次に、AI 特有の問題として依拠の問題があります（図17）。人間の場合、過去にディズニーの映画を見たかとか、そういったことで依拠を判断されるわけですが、AI の場合は、自分は知らなくても AI の学習データの中にミッキーの絵が入っている可能性はあるわけですね。そうすると「ネズミの絵を描きたい」と言ったらミッキーの絵が出てくる場合がある。AI は別にミッキーの絵なんか描こうと思ってなかったけれど、学習用データにミッキーの絵が入っていたが故にミッキーの絵が出てくることはあり得るわけですね。この場合に依拠性があるかどうかが非常に議論になったわけですが、先ほどご紹介した文化庁の考え方によると、学習用データの中に入っていれば依拠性はあるという見解が示されております。おそらく、これは学説の通説になるだろうと思います。そういう意味で、広く著作権侵害が認められやすい状況にあると言えます。

AI 女優は著作物か

AI生成物の利用段階（④）

AI生成物の著作権の有無

18　　　　伊藤園「お～いお茶　カテキン緑茶」CM

NISHIMURA & ASAHI

図18

　最後に、AI 生成物の著作権の有無ということで、例えばこれは実際に CM で使われた伊藤園の AI 女優です（図18）。AI 女優は画像になりますので著作物に当たるわけですが、スキャンダルなんか起こさないし、ギャラも安

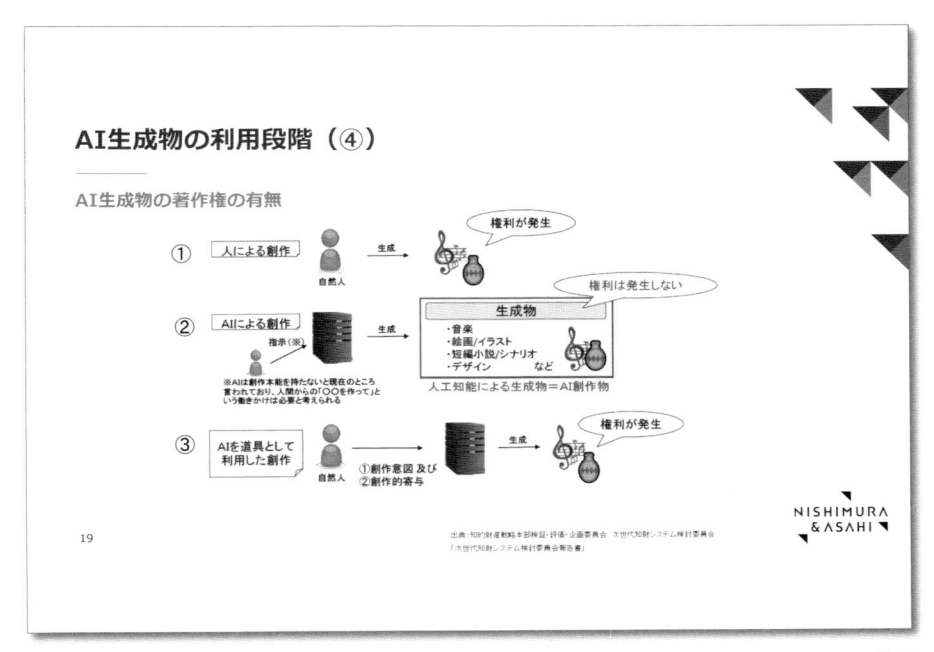

図19

くなるので、今後増えていく可能性があります。ではこれは著作物ですかという話です。著作物でなければ伊藤園ではないライバル会社、コカ・コーラやサントリーが使っても誰も文句を言えないわけですよね。

　これが著作物かどうかは、3点で判断されます。(図19)。まず、人が作ったら当然著作物になるわけですね。そして、単にAIに指示して「かわいい女の子の絵を作ってください」と言って出来たもの、これには著作権は発生しないということになります。なぜなら、著作物というのは先ほど紹介した通り、人の思想、感情を表現したものだから、人の思想が入っていないとダメなわけですね。AIに大まかな指示をしただけだとダメということですね。3番目に、AIを道具として利用した創作については、著作権が発生するということです。だから、「いい小説を書いてくれ」と投げて、いい小説ができても、それは著作物ではないわけですが、AIにこういうプロットで、ああだこうだこうだと言って出てきたものは、AIを道具として使っているので著作権が発生することになります。ですから、先ほどのAI女優も、伊藤園あるいはプロデューサーなりクリエーターが細かい指示をして作ったならば、著作権が発生することになります。

　では、道具として使っているのかそうでないのか区別は何なのか。つまり大まかな指示なのか、道具として使っているかの区別はどこにあるのかというと、そこは創作意図と創作的寄与があるかどうかという、やや大ざっぱな基準ですが、それがあるかどうかで裁判例としては判断されることになります。

　以上、駆け足でしたが、ちょっと分からなかったという人は私の本を買っていただければと思いますので、よろしくお願いします。

竹内　福岡さん、どうもありがとうございました。さて質問が来ています。先ほどお答えがあったかとも思うのですが、仮に学習データにオリジナル情報は全く使っていない、でも完成して出てきた生成物がオリジナルと同一、非常に似ているといった場合、一体どうなるのでしょうか。

福岡　それは先ほどご説明した通り、依拠性がないということで著作権侵害にはならないということになりますね。

竹内　一般の感覚で言うと、例えば、ミッキーマウスが出て来てしまっても著作権侵害になっていないんだというと、何となく違和感があるのですが。でもそれが法律ということですね。

福岡　逆に私の考えからすると、独自に作って、それがたまたま他人のものに似ていて、それが著作権侵害と言われる方が問題ではありませんか、と思います。例えば、皆さんが文章を書いて、それがたまたま他の人の文章に似ていたと。で、著作権侵害で訴えられるとか、あなたの文章を使ってはいけないと言われたらどう思いますかというと、それはおかしいじゃないですか。依拠して他人のものを見て、それを写したら著作権侵害になっても仕方がないと思いますけれど、あくまでも他人の依拠していない独自創作は著作権侵害にならないというのは、私の感覚ではありますね。

竹内　例えば、短い文章とかであれば、当然重なることはたくさんあると思いますし、漫画やキャラについても確かに似ているものもあるかもしれませんが、少

し文章が長くなってくると、同じになるってことはないわけですよね。

福岡　文章の場合は長くなってくると、やっぱり全く似ているのは盗用じゃないかという推測は働きますね。あと、絵もそうです。絵もユニークな絵、『ワンピース』のルフィーとか、ああいうものは似ていると盗用したとなりますけど、よくある美少女絵みたいなものや、誰が描いても同じようなイラストの絵、さっきご紹介した東京地裁の博士じゃないですが、ありきたりの絵は著作権侵害にならないということになります。

竹内　ありがとうございました。それでは津山さん、プレゼンテーションをお願いできますか。

米メディアの意識は共生

津山　津山恵子と申します。よろしくお願いいたします。私はニューヨークに住んでおりますので、AI とアメリカのジャーナリズム業界がどう付き合っているのかご紹介したいと思います。ニューヨークといっても広いのですが、私は東京で言えば北千住のような非常に下町風味あふれるところで、若い人たちと毎日話をしながら生活をしています。

　最初に、アメリカのメディア業界が、いかに AI を脅威に思っているのか、あるいは思っていないのかというのを押さえてほしいというお話だったので、最初から結論を申し上げます。米メディア業界が AI を使う目的は、現在のところ脅威というよりは挑戦と捉えていると思います（図1）。つまり、いかに AI を編集局で効果的に、あるいは簡略化のために使うか

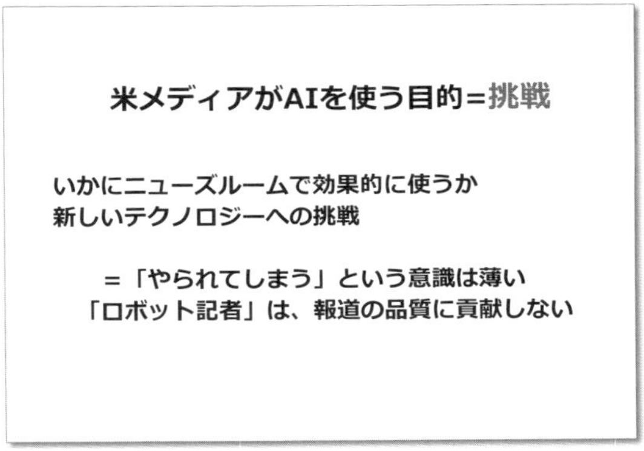

米メディアがAIを使う目的＝挑戦

いかにニュースルームで効果的に使うか
新しいテクノロジーへの挑戦

＝「やられてしまう」という意識は薄い
「ロボット記者」は、報道の品質に貢献しない

図1

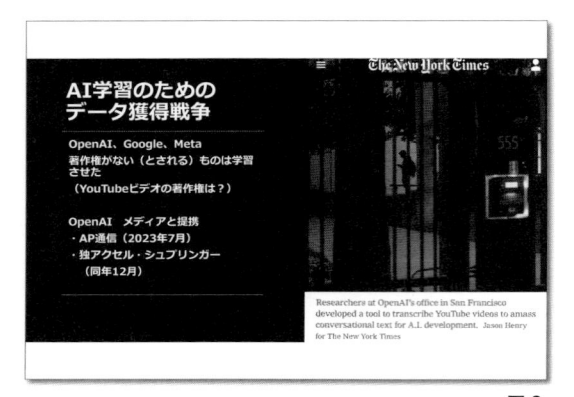

図2

ということ。それから、今まで業界がインターネットとかブロードバンドとか、そういった新しい技術に挑戦してきたのと同じように、また一歩上の新しいテクノロジーへの挑戦だと捉えていると思います。ですから脅威として、やられてしまうという意識は、今のところあまり感じていません。いわゆるロボット記者に私たち報道記者、あるいはフォトグラファーの仕事が奪われてしまうということではなくて、共生していこうと。言葉を変えて言うと、私たちが維持してきた報道の品質には AI がそのまま貢献することはないと捉えていると思います。

　AI 学習のためのデータ獲得戦争というのは、もう皆さんご存知かもしれません。今、福岡先生からもお話がありましたが、著作権があるかもしれないというようなもの、この右側のニューヨーク・タイムズの記事では、個人が作った YouTube ビデオの音声までオープン AI、グーグルといったところが全部ディープラーニングをさせている、学習させているというスクープ記事でした（**図2**）。

　メディア業界に関して言うと、オープン AI というチャット GPT の会社が、昨年7月に AP 通信と提携しています。それに続いてドイツのアクセル・シュプリンガーというメディア大手と提携してギャランティーを払うという形でチャット GPT にディープラーニングをさせるために AP の記事、それからアクセル・シュプリンガーが出しているオンライン記事を使わせてくださいという提携関係になっています。

イラストには利用しないという判断

　アメリカの一つの例をご紹介します。私は朝一番に、Axios（アクシオス）というデジタルのオンラインメディアが、朝6時前後に出すニューズレターを読ん

でいます。チャット GPT が出現した数カ月後ぐらいに、このアクシオスの編集局が、生成 AI で作成したイラストを使うかどうか検討したそうです（図３）。その結果、当面使うのをやめようという結論に至りました。左側にアクシオスがどういうイラストを出しているか例を示しまし

図3

た。上がイスラエルのネタニヤフ首相、テルアビブなどで学生のデモが起きて批判されているわけですが、彼がアメリカ政府当局の人たちに会うのを拒否したと、ブロックしたという記事です。彼自身の写真ではなくて、ゲッティの写真を利用したイラストを使っています。下はイーロン・マスクのイラストですね。

　アクシオスは2017年にサービスを開始した、新しいジャーナリズムベンチャーです。やはり若い人たちに食い込もうということで、イーロン・マスクやバイデン大統領の写真を使うと、いかにも今までの新聞のように見えてしまうので、下にある「Elon's AI play」という見出しの前に絵文字も使っていますけれども、若い人たちにアピールするために、デザインに非常に気を使っているメディアです。が、当面は生成 AI を使わないという決定をしています。面白い例だと思います。

　同じくアクシオスが原稿でチャット GPT を使った例です。字が小さくて申し訳ないのですが、この右側にある記事の下の方に、実はデータ解析のためにチャット GPT は使いましたよ、でもその後にジャーナリストがきちんと、使われたデータをチェックし

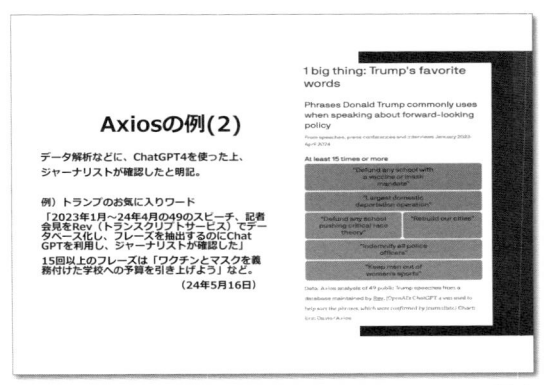

図4

ましたと注意書きがあります（**図 4**）。どういう記事かというと、今大統領選に出馬しているトランプ被告・前大統領がよく使うお気に入りのワードを分析したものです。2023年 1 月から24年 4 月までの49のスピーチ、それからオンライン上の記者会見などで発言したワードをチャット GPT で解析して順番に並べたものなんですね。それについて15回以上のフレーズ、一番上にあるものは、「ワクチンとマスクを義務付けた学校、公立学校への予算をカットする」という発言で、とても彼が気に入っている政策だと分かる記事に仕立てたという例です。

AP のソリューション

　それからもう一つ、先ほど音先生の資料にも入っていましたが、AP 通信の例です（**図 5**）。上は AP 通信の加盟社のために編み出したソリューションで、五つあります。一つは AI を使ってこういうことができますよ、というのをケーススタディーとして、加盟社であるローカルの新聞社やテレビ局を使ってソリューションという形にまとめたものです。

　一つ目が、公共の安全に関わる事件情報をコンテンツマネージメントシステム（CMS）に入力する。CMS というのは、どこの新聞社でも使っていると思いますが、記事入力システムですね。入力しただけで記事になるわけではなく、こういう事件があったよというのを SNS やオンライン上の情報から集めてきて、とりあえず CMS に入れて、記者やデスクに使ってもらうことを前提にするものです。

　二つ目は、これはローカルテレビ局を意識したソリューションだと思いますが、録画の映像から文字のトランスクリプト、つまり書き起こし、それからその要約、骨子を作成してくれるというものです。これをあっという間にやってくれるので、録画映像を

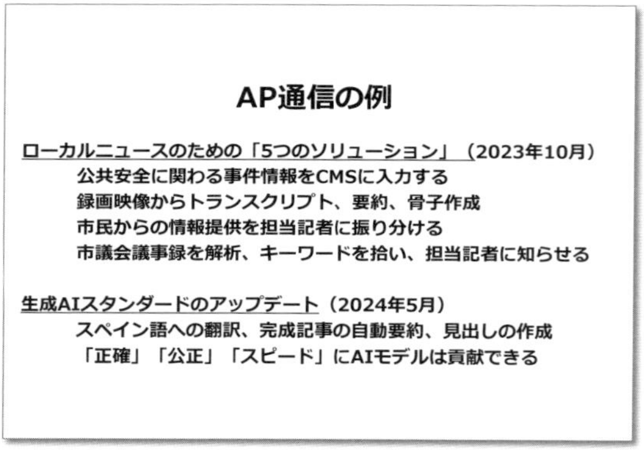

AP通信の例

ローカルニュースのための「5つのソリューション」（2023年10月）
　公共安全に関わる事件情報をCMSに入力する
　録画映像からトランスクリプト、要約、骨子作成
　市民からの情報提供を担当記者に振り分ける
　市議会議事録を解析、キーワードを拾い、担当記者に知らせる

生成AIスタンダードのアップデート（2024年5月）
　スペイン語への翻訳、完成記事の自動要約、見出しの作成
　「正確」「公正」「スピード」にAIモデルは貢献できる

図 5

ずっと人間が聞いていなくても、AI が作ってくれた要約骨子を使って、デスク、記者がどういった番組にしようかとか、どの部分をどういうところに入れてビデオの編集に役立てていこうか話し合う、その時間を短縮するために使いましょうという提案です。

三つ目が、市民、あるいはローカルビジネスからのということもあると思いますが、情報提供の担当記者への振り分けを AI にやってもらう。それから四つ目が市議会の議事録。日本と違ってアメリカは地方分

津山恵子氏

権が進んでいるので、市議会あるいは州議会、それからローカルの裁判所の議事録、判例が、ローカルメディアにとっては重要なものなのですが、それを AI があらかじめ解析してキーワードを拾って、例えば環境問題というキーワードであれば環境担当の記者にメールする。例えば下水の問題であったら、その担当の記者に振り分けるということを AI がやってくれると。つまりデスクの仕事をかなり軽減するために、こういったソリューションを AP 通信が財団などからの資金を得て編み出し、そして、加盟社に使ってもらうという提案をしています。

同時に一番直近に AP 通信が発表していたのは、生成 AI スタンダードのアップデートということで、昨年のうちに、どの程度生成 AI を使いましょうと発表しています。例えば、発表文やインタビューの要約づくりは昨年から始まっています。それに加えて、24年5月には英語のスクリプト、あるいは記事から直接 AI がスペイン語に翻訳をすること、それから記者が書いた配信間近、あるいはすでに配信を済ませている完成記事に関して自動要約をしてくれる。だからオンラインで見せるとき、見出しの下に記事の要約を入れられるわけですね。そして、見出しの作成の助けにも使っていいというスタンダードを加えています。これは担当のデスクさんが、この発表したブログに書いていたんですけれども、

AP 通信が目指しているところの正確さ、公正、スピード感に対して、今のところこういった分野で AI モデルが使えるのではないかという提案なんですね。

大統領選への影響

　大統領選挙の年ということで、生成 AI がどれほど選挙に影響があるのかが非常に問題になっていますし、関心の的になっています（図6）。二つ、生成 AI によるディープフェイクの例をここに挙げました。これは True Media（トゥルー・メディア）と言って、ジャーナリストがフェイク画像を見つけるのを助けるためのツールを提供しているオーガナイゼーションです。左側が分かりやすいと思いますけれども、ご存じテイラー・スウィフトがレッドカーペットの上で「TRUMP WON、なぜなら民主党の人たちが私たちに、うそを付いて裏切ったから」という垂れ幕を掲げていると。これは『VARIETY（バラエティー）』というファッション雑誌が、彼女がレッドカーペットに立っている、お決まりの腰

TrueMedia.org

図6

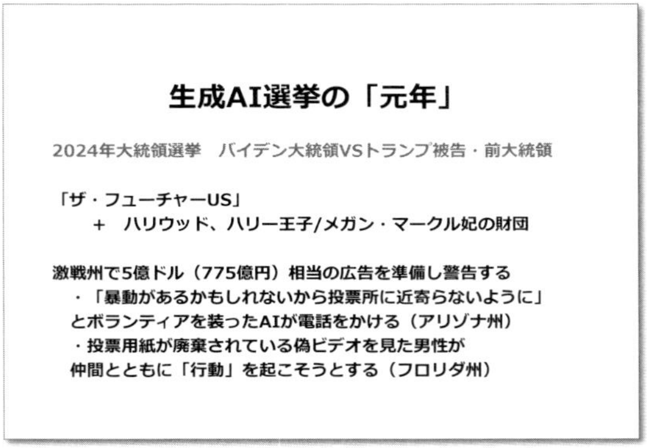

に手を当てたポーズを撮った画像を加工して、あたかも彼女がトランプを支持しているかのように思わせるビデオが、10秒間くらいなんですが拡散しまして、24年2月になんと2日間で160万回再生されています。こういったものがすでに出回っているのは事実です。

生成AI選挙の「元年」

2024年大統領選挙　バイデン大統領VSトランプ被告・前大統領

「ザ・フューチャーUS」
　　＋　ハリウッド、ハリー王子/メガン・マークル妃の財団

激戦州で5億ドル（775億円）相当の広告を準備し警告する
　・「暴動があるかもしれないから投票所に近寄らないように」
　　とボランティアを装ったAIが電話をかける（アリゾナ州）
　・投票用紙が廃棄されている偽ビデオを見た男性が
　　仲間とともに「行動」を起こそうとする（フロリダ州）

図7

　その対策ですが、実際のところ、政府、あるいはグーグル、オープン AI、メタといったプラットフォーマーからの具体的な対策というのは、皆無に近いんです。ですけれども、それに警戒感を抱いた民間の NPO がいろいろな対策を打ち出しています。このザ・フューチャー US も NPO ですが、なんと激戦州7州で5億ドル、今の円換算で775億円を使ってテレビ、ラジオなどにこういった広告を打ちますと発表しています（**図7**）。

　一つだけアリゾナ州での例をご紹介します。AI が電話を掛けてきます。そして「投開票日が近付いているけど暴動があるかもしれない。危険だから投票所には行かないでね」と言います。電話を受けた人が「え？　本当？　そうなの？」と言うと、生成 AI なので返事をしてくれるわけです。この広告は、そういったことに引っ掛からないでくださいと警告するためのものです。駆け足でしたが、アメリカからの報告でした。

竹内　津山さん、どうもありがとうございました。テイラー・スウィフトの動画はかなりショッキングでしたが、やっぱり信じてしまう人が多いのですか。

津山　答えはイエスだと思います。やはりテイラー・スウィフト自身の威力というのが、まず SNS だけで何億人ものフォロワーがいますし、彼女がやっていることだったら何でもフォローしてしまうという人は、一定の数いると思うんですね。でも、こういった AI の画像を見慣れている人はちょっと手がおかしいよね

とか、それからテイラー・スウィフトは2020年の大統領選挙までは民主党の大統領や上院の議員を支持してきたので、いきなり手のひらを返したような画像が出るのはおかしいということで、信じない人も一定数いると思います。

竹内　ありがとうございます。先ほど音さんに質問したことをあらためてお尋ねします。アメリカの編集の現場で50％ぐらい生成 AI が使われているという数字がありました。これが今後どんどん大きくなっていくのかということと、あとは記者の役割として、調査や取材といったところまで生成 AI が入ってくるのか、それともそこは人間の領域なのか、いかがでしょうか。

津山　私が直近で見た調査によると、50％を超えて70％ぐらいまでになっていると思います。それぐらい編集局の中での利用や認知度が進んでいると思います。先ほど AP 通信の例でも話しましたが、調査あるいはトランスクリプトを作る、あるいは要約を作るといったところまでは使ってみましょうと、各メディアは推奨、あるいは一部のテストケースのグループを作って進めています。

　それから背に腹は変えられないところもあって、例えば昨年の春にトランプ前大統領に対しての告訴状が出たんですが、それが400ページ近くありました。これまでは何十人もの記者が 1 人20ページとか割り当てられて、全部読んで、原稿の要約をやっていたんですが、これをチャット GPT にかけると瞬時に要約をしてくれます。ですから、まずはその要約を AI にやってもらって、デスクが記事のトーンを決めるとか、ビデオ制作者がビデオのストーリーを決めるとか、そういったものに役立てましょうというところまで使われていると聞いています。

竹内　ありがとうございます。音さん、いかがでしょうか。

音　多分同じ調査データについて津山さんがおっしゃったと思いますが、AP 通信が世界の主要ニュースメディアに対して行った調査で、「生成 AI をよく知っていますか」と編集局の責任者に聞くと、8 割は分かっていますと。7 割強が実際にその組織で生成 AI を使っていると回答しています。じゃあ「何に使っているのか」と言うと、テキスト作りが一番多く、69.6％という結果になっていま

す。世界的に見ると生成 AI が編集局に入っていっていることは明らかだと言えます。津山さんのお話と重なりますが、先ほどニュース砂漠と申し上げましたけれども、まさに AP 通信の例は、特にローカルメディアにこれをうまく展開させることが一つの可能性と言うか、救済方法になると言った方がいいかもしれません。

　それから、これは日本とアメリカの違いではありますが、それらの作業というものに対して、財団などが非常に積極的に応援をすることが、アメリカ社会にとって良いのだという考え方を強く持っているところがあるのかなと思います。

津山　付け足してよろしいでしょうか。今の財団から多くの資金というのが大きなメディアだけではなくてローカルメディアにもたくさん流れ込んでいるのは、財団に取材したことがあるのですが、やはりメディア業界はアメリカの民主主義を守るためにみんなが仕事をしてくれているので、そのために財団もお金を民主主義のために提供するのは当然である、という考え方がかなり浸透しているからだと思います。特に生成 AI という新しいテクノロジーですと、学んだり訓練したりといったことに非常に時間とお金がかかる。これから財団あるいはローカルの政府、市民がつくっている NPO などからの資金が、生成 AI の拡大、支援のためにローカルメディアなどに流れていく動きが広がっていくでしょう。

音　アメリカの場合、ローカルメディアを AP 通信が支援し、資金的にはファウンデーション（基金）からお金を出してもらい、その作業を大学に手伝わせるという形態を取られていた。先ほどご紹介させていただいて、私のところで AI のシンポジウムを開催させていただいたのも、実は昔、この建物（プレスセンター）のお隣に日本放送協会があって、その建物を売った後に、放送文化基金という大きなファウンデーションがつくられたものですから、そのファウンデーションからお金を頂いて、共同通信さんと一緒に AI の可能性を研究させていただきました。アメリカ版ほど大きくはないけれども、同じようなことを大学と連動できないだろうかと日本のやり方を少し考え始めたというのが、私たちが実施したシンポジウムの背景にございます。

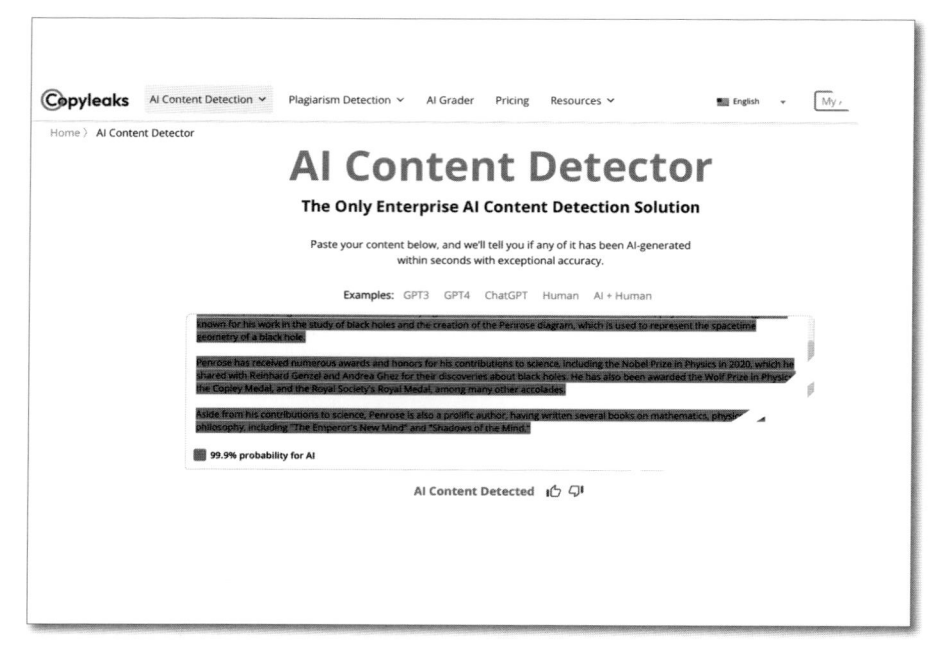

図1

小中学生の授業で使用

竹内　ありがとうございます。ちょっとここで私からも、数分プレゼンテーションさせていただきます。

　私は今、横浜と東京でフリースクールとしてインターナショナルスクールを運営しています。小学生と中学生を教えています。非常に小さいところで、東京と横浜を合わせても100人ぐらいしか生徒はいません。私も実際に数学を教えたり、プログラミングを教えたりしているんですが、やっぱり小学生や中学生でも生成AIを使ってきます。先日、物理学者でブラックホールや一般相対性理論の研究者であるロジャー・ペンローズという科学者について、授業で彼がどういうことをやったのか教えるから、事前に調べてきてという課題を出しました。そうしたら、これが出てきました（図1）。別に構わないんですけれど、宿題でも生成AIを使う生徒が結構います。例えば、英語の宿題で生徒がチャットGPTを使ってくる。そうすると、絶対に知っているはずがないだろうという難しい単語を使っていたりして、すぐに分かっちゃうんですが、こうやって盗用チェッカーに

かけると、大体どれくらいが生成 AI を使ったものか分かるわけです。多分音さんが先ほどおっしゃっていたところで、大学でも当然これを今使っていると思いますが、うちの小学校の場合、AI 時代に生き残る人材を育てるということで学校をつくっているので、最新テクノロジーである生成 AI を使っていいよというふうに言っています。どんどん使っていいんだけど、使うに当たってはお作法があるんだよと話しています。実際にこれを盗用チェッカーにかけてみようね、そうすると、それがオリジナルでなくコピー＆ペースト、または生成 AI が生成したという確率が出てくる。だから、自分なりに書き直さないと提出できないんだよと教えています。だから小さい頃、小学生の頃から、生成 AI と付き合うためのお作法を教えていく必要があると考えています。われわれはもう大人で、突然こういうものが出てきたという状況ですから、なかなか大変なわけですが、子どもたちは比較的、そういう意味ではスマホが出てきても順応してきたし、タブレットに普通に順応していくのと同じで、生成 AI もうまく使いこなしていくのかなという気がしています。

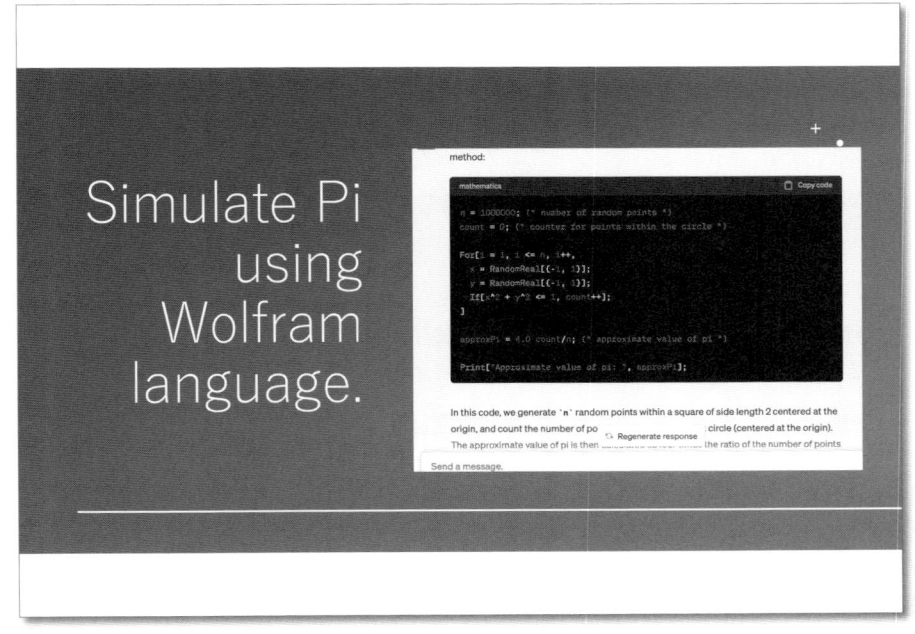

図 2

　教育現場の話をさせていただくと、これは小学校 6 年生に向けて私がやっている授業です（図 2）。右側に短いプログラムが書いてあって、結構典型的なシミュレーションのプログラムですが、円周率パイをシミュレーションするというプログラムです。大まかに言うと、正方形の中に円を内接させておくと。で、その正方形の面積が 2 × 2 = 4 であると。で、その正方形の中にランダムに例えば 4 万個の点を打つわけですね。そのうちその円の中に入っているのはどれぐらいかというと、大体 3 万1,400いくつになる、というようなプログラムです。つまり、今言った 3 万1,400というのが3.14の近似値となるわけです。今こういう時代なので、小学生にプログラミングしてもらっていますが、去年からちょっとやり方が変わっています。それまでは、これ全部一字一句、子どもたちが打っていたんですね。当然ですがタイピングができないとダメなので、タイピングはすごく早いです。小学 3 年生から練習するので早いのですが、去年、生成 AI が出てきてしまった。実はこれはチャット GPT が生成したんですね。そのプロンプトは非常に簡単で「円周率パイをシミュレーションするプログラムを書いてください」。場合によっては、その方法ですね、モンテカルロ法というんですけれど、そのモンテカルロ法で書いてとか、あるいは言語ですね、Python（パイソン）で書いてとか、この場合だと Wolfram（ウルフラム）言語だねとか。そうすると一瞬で出てきちゃうんです。これは短いので、手で打ってもそんなに差はないかもしれませんが、もうちょっと長いプログラムだと、手で打つのは結構大変だし、生成 AI に頼むと早いんですよ。だから今授業では基本、生成 AI を使っています。

　ただ、これはいい面と悪い面があって。全部自分で一字一句打っていくと、打っていく際にもプログラムの勉強にはなるんですね。でも、時間を短縮するという意味では、この生成の部分はもう完全に生成 AI にやってもらって、あとは読解をすればいいという考えもあると思います。これは正直どっちがいいかはなかなか難しくて、長いプログラムを書くときは生成 AI を使った方がいいのかな、これくらいの短いものであれば、人間が手で打ってもいいかなと。あとは初心者ですね。プログラミングのコーディングを初めてやるような子どもの場合は、打ちながらゆっくり学んでいく方がいいかなと。小学校の現場でも、こういった生成 AI を導入していく試行錯誤の段階というところです。

３カ月かかる翻訳が３分に

竹内薫氏

竹内 先ほど津山さんのお話で、要約が一瞬でできてしまうという話がありました。私の話をしますと、翻訳の仕事もしています。アメリカやイギリスで出版された科学書を翻訳する際、ここ30年ぐらいずっと同じパターンでやっていまして、まず私の妹が下訳を作ると。その下訳が７割から８割の完成度で、それを最後、完成まで持っていくポストエディティングを私がやる。このパターンでずっとやってきたのですが、一昨年だったか、仕組みは生成 AI とは違いますが、ディープラーニングを使っている翻訳 AI のバージョンアップによって、突然下訳が実用レベルに達するようになりました。つまり、７割から８割は翻訳できてしまう。これはもう導入せざるを得ないですよね。コストがどう変わったかというと、妹がやるとやはり３カ月ぐらいかかる。分厚い本が多いので、１日８時間やって、３カ月。お金としては３カ月の生活費が必要なので、100万円ぐらいかかると。それが機械翻訳を使うと、PDF を入れたら３分で出てくるわけですね。これは、最初は結構衝撃的で、しかも費用が、サブスクリプションなのですが1,000円なんですよ。つまり、100万円が1,000円になって、３カ月が３分で、出てくるもののクオリティーは同じなわけですね。

　ポストエディティングはやらないといけないので、私の仕事は減らないですけれども、私の仕事の現場は AI に直撃されている。ここで、例えばその下訳の仕事は、そういう意味ではなくなったのでしょうね。あと５年もすると、おそらく私も翻訳をやらなくて済む。出版社がそのままやっちゃう。で、さらに10年ぐらいたつと、もう日本の翻訳出版社が必要かどうかみたいな問題も出てきて、要するに、原書を出す出版社が全部翻訳して、世界中にばらまけばいいじゃないか

と。あるいは個人個人が機械翻訳を使って、自分で翻訳して読めばいいじゃないかと。あるいは、それに規制がかかってくるのかという話を福岡さんに伺いたいと思いますけれども。

福岡　AI を使えば、出版社が翻訳家に頼らずに自分で翻訳すること自体はできるでしょう。そういう意味では、翻訳家の方の仕事は AI に奪われることになるだろうと思います。あと、勝手に翻訳するというのは難しい問題があって、作家が書いたものを勝手に翻訳すると翻案権侵害になるのが原則です。でも、私的使用の例外というのが日本ではあって、自分で楽しむ分には別にやっていいということなので、個人の楽しみでやる、つまり、原書を買ってきてそれを例えば電子書籍のままであれば、自分の LLM（大規模言語モデル）に読ませて翻訳して読むというのは、私的使用の範囲内、自分で使っている分に限ればできることになります。

竹内　分かりました。だから、多分数年たつと、その原書の出版社が「もう日本の翻訳出版は要らない」と言って、自分たちでやる可能性もあるわけですよね。あるいは、個々の人々が自分で機械翻訳を使っちゃう。先ほど規制という言葉を使ったのは、そうじゃなくて、例えば日本の翻訳出版業界を守るために、機械翻訳で自由に読むことができないように何かプロテクションをかけるとか、そういったことって起きますかね。

福岡　基本的には、自由に使えるというのはインターネットで公開されているものが事実上無料で手に入るということです。先ほど著作権の話をしましたが、例えば有料で提供される新聞社データベースや、いろいろなウェブサイトでお金を払って買っているもの、あるいは論文データベースや学習データベース、あと Kindle（キンドル）もそうですが、そこには著作権もあるのですが、契約もあるんですね。つまり、利用契約を結んで購入していて、その利用契約の中に、こういうことはしてはいけないと書いてあることが一般的です。翻訳してはいけないとか、原文だけで読めというのも、ややまれですが、機械学習を使ってはいけないという契約が入っていることが多いのかなと思います。その契約を守らなくて

はいけない。もちろん、そこでもう一つちょっと難しい議論があって。著作権が優先するのか、契約を優先するのかという議論があります。そこはケースバイケースでまだ議論されるところですが。一応、著作権だけで物事が動いているわけじゃなくて、契約関係があるので、サブスクリプションで本を読んだり、記事を読んだりする場合には、その利用規約という縛りもかかってくる可能性はあります。

人間とチャット GPT との隔たり

竹内　ありがとうございます。多分5年後には、そういう意味では翻訳の仕事は、私としては一応失業するのかなと考えて、準備をしています。

　平野さんの基調講演でキーワードがいくつか出てきので、ちょっとそちらの議論をしていきたいと思います。一つはロラン・バルトの話が出てきて、テキストの一人歩きみたいなことで、作家の意図を読む必要がないという議論があったけど実際はそうではない、というお話だったと思います。そこには作家、つまり人間としての作家で、その付加価値と言いますか、人間としての価値、そういったところもやっぱり重要だなという話かと思うのですが、生成 AI がどんどん出てきているこの時代において、人間があえてやることの付加価値について、皆さんどうお考えですか。

津山　アメリカの「ビジネスインサイダー」というメディアの編集長さんが、昨年春にチャット GPT を使いましょう、使いこなしてみましょうと。でも、絶対にやっちゃいけないこととして、記事は頭から書き下ろしましょうと編集局内に通達したんですね。それはなぜかというと、やはり「ビジネスインサイダー」という媒体のスタイルが文章にもあるし、それを記者もデスクもたたき込まれて、日々原稿を生産している。チャット GPT がやると、すごく平板なんですね。私も英語でインタビューをして、その要約をチャット GPT に日本語でさせるんですけれども、本当に平坦な文章というか、つまらない。やはり自分で書き下ろした方が、すいません、私の方がずっといいじゃんと感じるんですけれども（笑）。まだまだ、チャット GPT に文章を作成させている段階では、プロの仕事とチャ

ット GPT の間の隔たりはかなりあるんじゃないかと思います。

　単純に、例えば「東京の浅草に行ってどこを見たらいいですか」とプロンプトに書いても、面白くない結果しか出てこないんですよね。観光という分野について私があまりチャット GPT を使っていないというのもあるとは思いますけれども、そういったギャップはまだまだあるんじゃないでしょうか。

福岡　AI は、基本的に過去のデータを学習しています。新しいことは、偶然できる可能性はありますが、たまたま過去のものを組み合わせたら何かできちゃったというものでしかない。基本的には過去のデータで、新しい分野については知識がありません。そこは人間がやらざるを得ないと思います。私も法律分野でいろいろチャット GPT に聞きますが、やはり新しい分野について答えは出てこない。もともとのデータがない以上は当然処理できないということですね。

　あと、ちょっと嫌な話になるかもしれませんが、AI と人間の仕事の割り振りという意味で言うと、人間はやはりお金がかかるわけですね。AI はお金がかからない。だから、お金を払える人は細やかな対応が可能な人間からのサービスを受けられる。お金が払えない人は、AI のサービスしか受けられない。そういう時代になるのではないでしょうか。例えばコールセンターは、今人間が対応していますが、AI が答える AI チャットボットなどを使って効率化が進んでいくでしょう。人間のコールセンターを使いたければ高級なサービスになるという二分化された社会に、ひょっとしてなるかなと思いますが、それも止められない流れかなと思います。

音　放送に関しては、放送局には放送責任というものがあって、放送法で、間違った放送をした場合には訂正を出さなければならないことになっています。例えば、先ほどご紹介した視聴覚障害者向けの放送の充実というときに、手間がかかるわけですから、できるだけテクノロジーで処理ができる方がいいと。障害者団体の方々は、「少し間違ってもいいから、字幕をたくさん入れてほしい」「解説放送を入れてほしい」というご希望があるんですが、もう片方で、放送責任についてはどうするんだ、という問題があるわけです。

　それから、例えば今回の能登半島地震の時に、命に関わる、でも非常に奥能登

の厳しい場所といったときに、地元の、例えばコミュニティー FM で、AI アナウンサーが生成して、すぐニュースを出せれば越したことはないのですが、では先ほどの放送責任の問題はとなると、関係性をどうしていくのかすごく重要になる。

　例えば、ケーブルテレビ会社の方々は、まさに AI を使って災害情報をすぐ出せるようにするにはどうしたらいいかとか、命に関わる情報に早く対応することはできないかと考えていますが、このテクノロジーの使い方はいろいろ出てくるのではないのか。先ほど津山さんがご紹介してくださった、AP 通信が考えているのはまさにローカルのメディアをどう生き返らせるのかという話だと思っていて、私は、そこは生成 AI、または AI 技術を議論するときの非常に重要なところかなと思っています。

シンギュラリティーの可能性

竹内　技術的特異点、シンギュラリティーについても少しご意見を伺いたいと思います。いろいろな解釈が当然あると思うのですが、例えば、将来的に AI が意識を獲得する、ちょっと表現を変えると、心を持つみたいなことです。専門家に伺うと、「あと100年以上出てこないんじゃない」とか、そういった話ばかりではあります。つまり、人間の意識というものが今の科学では解明されていませんので、それを解明してからメカニズムを組み込む、という話がまずあるわけですね。あとは、AI が自分のプログラムを自分で書くようになる段階。現在は簡単なプログラムを生成してくれるだけですが、自分自身のプログラムをどんどん自分で書いていく段階になってしまうと、ブラックボックス化して、AI が何をやっているか分からない。そうすると何か、ある段階で意識が出てくるかもしれない。人間の持っている意識と同じかどうか、それは全然分かりませんが、かなり未来の話かもしれませんがその時一体どうなるんでしょうか。

福岡　私は、あまり考えても仕方ないかなと。そもそも実証されていない。シンギュラリティーが来るから、AI がいろいろな危ないことをして、『ターミネーター』のような世界がくるというような言説もたまに見ます。でも、それは全然証

明されていない。空想の世界の話で、あるかもしれないし、ないかもしれない。それに対してわれわれはどう思うかという問題だろうと思います。シンギュラリティーが来るかどうか、誰も分からないし、その証拠はあるのかというと、あくまでも SF 未来的な話です。例えば、宇宙人が来襲したらどうするという話と同じ話です。ただ、全く起こらないとは言えないので、どう対処していくかですが、シンギュラリティーにはさまざまな表現がありますけど、一つの定義としては、AI が自分で自分を改善するプログラムを書けば AI は無限に進んでいくのではないかということですよね。それは起こり得るかもしれない。

　ただ私が思うのは、目的を与えるのは誰なのかというと、少なくとも人間。それができない限りは、AI は自立的に目的を持つことはないと思います。人間や生物は、みんな自己保存本能が基本的にあるので、それで進化してきていると思いますが、AI は身体性がないので、身体性がない限りは自己保存目的も生まれてこないと思います。ブラックボックス問題については、今だって AI はブラックボックスなので。いまさら言われても、私としてはあんまりピンと来ません。

　あと、意識については、犬や猫だって意識はあるわけで、人間だけのものではないですね。だから、AI が意識を持つというのは定義の問題もあるし、意識を持つということがあまり定義されないまま、意識がある、ないという議論をしても、お互い違う前提で議論することになる。意識そのものを定義しない限り、それは非常に難しいし、私はできないと思っているので、議論しても意味ないかなと思っています。答えになっていなくて恐縮ですが。

竹内　分かりました。われわれは他人の意識すら本当に存在するかどうか全く証明できないわけで、ゾンビ問題と言われているわけですが。それから考えると、なかなか AI が意識を持つというのも、果たしてあるのかどうか分からないし、実際に科学的にも全く定義できない問題ではあります。

　最近、僕は AI の開発に加速度がついているイメージがあります。専門家の方が、例えば昔「将棋の AI はあと十数年は人間の方が強いだろう」とおっしゃっていたことがありました。その数年後には、将棋 AI は名人レベルまで行ってしまったわけですね。専門家の方が言う AI の開発スピードと、実際に来る感覚が加速しているイメージがあって、それで、「生成 AI の次に万能 AI が来る」と言

っているわけですね。そうなったらどうなるんだと、多少心配なところがありましたので、お話をお聞きしました。

　技術的特異点は話が外れてしまうので、ジャーナリズムに話を戻したいと思います。ジャーナリズムと生成 AI の関係性は非常に難しいものが今あるわけですが、SNS においても、ジャーナリズムと、例えば細分化された専門家の方との関係性のような緊張関係もあると思います。例えば、新聞やテレビで科学の報道があり、それに対して、非常に狭い分野の専門家である方が、SNS でそれを完全否定してしまうとか。「これが間違っている」というようなことをおっしゃって、それが SNS でかなり広まるといったこともあります。生成 AI とジャーナリズムとの関係が一方にあって、もう一方、今度は人間の専門家が SNS 上で自由に発言できるが故に、ジャーナリズムの信頼性に影響が出ている気がしますが、何かご意見はありますか。

記者の仕事はなくなるのか？

津山　2 点あると思います。まず、生成 AI をジャーナリズムの方がアプローチして使っていく動き。それで、SNS 上で正しい情報であるとか、あるいは正しいニュースがより拡散していくことに使えるかもしれないという期待はあると思います。でも一方で、先ほど平野さんのお話にあったように、フェイクニュースとの物量作戦の戦いでもあるので、フェイクニュースの方でも生成 AI を使って、どうやってその物量作戦に、物量戦争に勝っていくか必死に考えているので、本当に追い掛けっこになると思うんですね。

　それから、双方にとってメリットでもあり、デメリットでもありますが、生成 AI を使って作ったものが、本当に簡単に SNS で拡散してしまう。それが本当にうまく使われればいいですが、先ほどのテイラー・スウィフトの件のように、あっという間に160万回も再生されてしまうという、本当に危険なところもあると思います。

　あと、ちょっと前のご質問の付け足しですが、ロボットが意識を持って『ターミネーター』のような世界になるというのは怖いと思います。しかし例えば、ビル・ゲイツが昨年チャット GPT でワッとブームになった時に言っていたのは、

もしかしたら世界の貧困がなくなるかもしれない、それから気候変動問題の速度をもう少し緩めることができるかもしれないということです。なので、先ほど平野さんもおっしゃっていましたが、何に使うか決定するのも人間なので、ターミネーターが現れる前にいろいろまだできることがあるのではと思いました。

竹内　ありがとうございます。事前の質問で「生成 AI の導入が進んでいった後にも必要とされる記者の仕事はあるのでしょうか」という質問が届いているのですが、これもなかなか難しい問題です。でも、当然ですが、記者の仕事は残りますよね。それについては、皆さん同じ意見ですか。

津山　残ると思いますし、デスクの仕事もかなり軽減されていくんじゃないかなと、先ほどお示しした事例を見ている限りは思います。例えばスペルチェックや文法上の誤りなども AP 通信では、「ビジネスインサイダー」もそうですけれども、生成 AI でやってよ、と。文法のミスは日本語ではなかなか曖昧で分かりにくいんですが、英語の場合はとても正確さを求められるので、デスクのところに原稿が来る前に、記者が生成 AI を使ってより正確な原稿に仕上げておく作業ができる。ですから、その前にいかにテーマを決めるか、どういうテーマを取材していくのか、企画とか、そういったところにより時間を使えるようになると思います。

福岡　記者の仕事がなくなることは、当然ないと思っています。そもそも、ジャーナリズムがなくなることはない。というのは、アプリのダウンロード数を見ても、ゲームなどを除いたら 1 位に来るのはやはりニュース。ニュースのニーズはあるわけですよね。それが変貌していると理解しています。生成 AI も文章を作りますが、面白い記事には視点を入れる必要があるので、そこは多様性というか、生成 AI の記事もあれば、人間が書いた記事もあり、その中で面白いものが読まれるということだと思います。

　あと、生成 AI は体を持っていないので、どこかへ行って現場を取材するとか、人から話を聞くとか、人間的なネットワークがない。もちろん機械的なネットワークはありますがそれしかない。違うネットワーク、つまり違う攻め方が当然あ

るので、そこは人間が書いたコンテンツと、生成 AI が書いたコンテンツが併存して、両方とも多分ニーズがあるだろうと思います。

　ただ、お金を取れるかという問題があって。生成 AI のコンテンツは安くできますが、人間が作ったものはお金がかかるという中で、人間が作った面白いコンテンツはお金を払った人しか買えないとなるのかなと。さっきの二分論に近くなりますが、例えば、サブスクリプションを契約した人しか人間が書いたものを読めないという。昔イギリスではみんながサッカーの試合を見ることができたけど、全部有料化されて、ケーブルテレビや DAZN（ダゾーン）にお金を払って申し込んだ人しか見られないというようになりました。そうなると、無料のコンテンツは SNS などから出てくるので、そこは偽情報があふれているとか、偽情報ではないにしても、フィルターバブルと言いますが、それを見ていると同じような、例えば、右翼的な人は右翼的な記事が、左翼的な人には左翼的な記事が、陰謀論好きな人は陰謀論的な記事が流れてきて、それによって洗脳されてしまうといったことが起こる、それは非常に問題だと思いますね。

　偽情報が流れてくるのはやはり SNS などのプラットフォームからなので、EU などではプラットフォーマー規制という形で、フェイクニュースやボットニュースを排除する動きがあります。それはそれでよく考える必要があると思いますが、あり得る方向性と思いますし、日本でもプラットフォーマー規制が入ってくる可能性があります。プラットフォーム上の悪質なニュースはそういった形で排除されていく可能性はあると思いますが、表現の自由との関係で微妙な問題があるので、今後いろいろ議論されると思います。

音　先ほど、平野さんへの最後のご質問で、平野さんが伝統的メディアの持っている信頼性が、この後も維持されていくことが重要とお答えになっていましたが、まさに私もそう思っています。先ほどあえて読売テレビの事例を申し上げましたが、非常に真面目なと言いましょうか、機械的なチャット GPT ではなく、クリエーターたちは、今の時代状況を見て、バランスを測るのです。今のちょっと先を行くとか、これは多くの人々が受け入れてくれるだろうというところを探って、クリエーティブな作業をされている。ところが、そのクリエーティブな作業というのは、言うなれば、今のコンプライアンスでは大丈夫だろうというとこ

ろを確認するんです。今年の前半に、特にお年寄りに話題になった TBS のドラマ「不適切にもほどがある！」のように、まさに1980年代と今ではコンプライアンスに対する考え方が随分変わっているんじゃないか、つまり、時代状況とともに変わっていくということですよね。その時代状況とともに変わっていくことをチャット GPT や生成 AI が確認できるかというと、これはちょっと面倒でしょうと。人間じゃないとそこはなかなか難しい。そう考えてみると、まさに最後の確認をするのに、ジャーナリストが、またはクリエーターが確認できるかどうか、その研ぎ澄ましができるかと。これは人材育成をしないといけない。

　他方において、テクノロジー自体はどんどん進むわけで、どういう形で展開していくのか確認する必要がある。それから、先ほど津山さんと平野さんがご指摘された、大量な情報のフェイクに対して、伝統的な信頼性のあるメディアがどう向き合えるのか。ここはある種、社会の人々がそれをどう認識していくのか。例えば、信頼ある情報はちょっとお値段が張るかもしれないことに対してどれだけ許容できるのか、ある種の世論、人々の共通認識が問われてくるのかなと思いました。

津山　福岡先生が指摘してくださったように、やっぱり現場がある限り、記者とフォトグラファーの仕事はなくならないという例があります。実は、反イスラエルの学生運動は、ニューヨークにあるコロンビア大学から広がりました。世界中に広がったんですが、コロンビア大学がキャンパスを閉鎖したんですね。ニューヨーク・タイムズも AP 通信も日本の NHK も、キャンパスに入れなくなりました。内部の生のニュースを得られるのはコロンビア大学の学生新聞の記者さんからということで、CNN も大学新聞の女性編集長を生放送に出させてコメントを取りました。それから、コロンビア大学は学内でラジオ放送があるので、名だたる主要メディアの記者さんたちがそのラジオ放送を一生懸命聞いて、校内で起きていることを報道したという例が直近でありました。ガザについても、同じようなことが言えると思います。生成 AI には絶対にできない現場の取材が、残されていると思います。

推進か規制か　未来は？

竹内　ありがとうございます。次の質問です。結構、直接的な質問ですが「生成
AI がつくる未来はバラ色ですか、それとも真っ暗ですか」。これはなかなか答え
にくいと思うのですが、例えば、EU が生成 AI の規制をするという方向に今動
いている。単純な話ではないと思いますが、アメリカを見ているとどちらかとい
うと推進しているようにも見える。でも、例えばオープン AI の社内でも、CEO
の方が一度解任されて、また返り咲きました。その将来的な方針ですよね。万能
AI をどんどん開発していくかどうか意見が割れたという報道もありますが、一
体どういう態度を取っていけばいいでしょうか。つまり、やはり推進していくべ
きという話なのか、いや、やっぱりちょっとここは法律面も含めてある程度ゆっ
くり規制をかけていかないと大変なのか。皆さんどういうご意見をお持ちです
か。

津山　アメリカの例ですが、先ほど、AI の選挙元年に対して政府は何もやって
いないと申し上げました。でも、その他のところではいろいろと手を打ってきて
います。つい最近では、バイデン大統領とホワイトハウスが、これから政府の省
庁、政府機関が AI を使うときにこういうことはやっちゃいけないよ、こういう
ことは義務化するよ、という指針を示しています。

　まずは、差別に使ってはいけない。例えば採用や人事の昇進の時に、人種やジ
ェンダー、学歴などを AI に覚え込ませて、そういう項目で差別しないシステム
を作りなさいということ。それから、環境問題とか、人命に関わるような緊急の
安全保障とか、そういう目的で使う場合は、テロ対策とか、それから自然災害が
起きた時に初動をどうしなければいけないのか、人命を救済するときにどういっ
た準備がされなくてはいけないのか、AI を優先して使って、早く結論を出しな
さいということを言っています。

　私が住んでいるニューヨーク市の市長も同じく、市内のすべての団体、企業、
事務所に対して、「採用と人事の昇進に関して AI を使うのであれば、差別をし
ないシステムにしなさい」と。で、そういうシステムにしましたと市役所の監査
官に報告をしなさい、それでも差別をしそうな可能性があれば、求人に応募した

人たちが市の司法当局に訴えることができる仕組みを作りますということまで発表しています。

福岡　これは歴史を見れば明らかで、別にバラ色でも真っ暗でもない。過去、われわれの人類の歴史を見たときに、農業革命や産業革命、インターネット革命などありましたが、例えば、産業革命の時にさかのぼって、その時の人に、将来蒸気機関ができますが、未来はバラ色ですか？それとも真っ暗ですか？と聞くと、両方あり得ると思うんですよね。客観的に言うと、当時は子どもが多く亡くなったり、児童労働や排ガス問題もあったりしました。でもやっぱり世の中が良くなっているんじゃないかな、平均寿命も伸びているしというように。ただ、人々の幸せの量が増えたかというと、当時も当時の幸せがあったと思うので、そんなに変わらないかなということになると思うんですよね。

　問題は、皆さんが例えば産業革命時代の炭鉱夫あるいは繊維工場の職工だとして、では転職しますか？という話です。ずっと炭鉱夫をやっていたら、その人は多分職はなくなるから、炭鉱夫をやめて別の職業にする必要はあるかもしれない。だけど、人間の職業は奪われることもないし、人間が不幸になることもなかった。不幸になったかというと、ある部分では不幸になったかもしれない。当時の牧歌的な田園風景などはなくなったし、人が都市に住むようになっていろいろな問題が出てきた。けれども、幸福になっている部分もある。そういう意味では、バラ色でも灰色でもないと思いますね。逆に、決めるのがわれわれではないかと。バラ色にしたかったらバラ色にすべきだし、灰色にしたかったら灰色というのもあると。

　ただ一つ言えるのは、平野さんがおっしゃる通り、人々は必ず便利な方向に進んでいる。だけど、満足しない。例えば、産業革命時では電気洗濯機もなかったし、冷蔵庫もテレビもなかったわけですが、では洗濯機が使えるようになって家事の仕事が減ったかというと、そうではないわけですよね。便利になったけど、逆にいろいろな仕事が増えてくる。便利なものを追求するのは、人間の技術の歴史であり、それはもう変わることはないので、止めることは難しい。その上で、日本でそれを止めることがいいことですか？ということだと思います。日本で止めてしまうと、日本の経済はさらに悪化する可能性があると思いますし。日本の

経済が悪化すると、新聞購読者も減るのではないでしょうか。全部つながっていると思います。

音 この話は最初に申し上げたように、私の目の前で、職場で起こっています。例えばレポートをチャット GPT でやっちゃいけないですよというルールにしつつ、もう片方で、合理的配慮の中で、障害があって口が重い学生のコミュニケーションのためにこのテクノロジーを使うことによって、コミュニケーションの場が広がる面もある。言うなれば、テクノロジーをどういう形で活用していくのか合意形成をしながら進める。合意形成しながら進めるというのは、さっきの「不適切にもほどがある！」のように手間がかかるんですけれど、でも、次の未来を作っていくために、その手間はやはりかかるものだと考えて進めるしかないだろうと。そのことによって、少し前よりも社会に参加できる人が増えるのであれば、それに越したことはないと思います。

竹内 ありがとうございます。時間が迫ってまいりましたが、会場からのご質問もお受けする前に、皆さん何か言い残したことがもしあれば、最後に1、2分で述べていただけますか。

津山 アメリカの例をお話ししたのですが、AI に関する半ば規制のようなもの、こうやって使いましょうといったことはアメリカではどんどん、州や市のレベルで発表されていますので、日本もそういった動きが加速すればいいと思っております。

福岡 記者の仕事が変わるかについて1点補足すると、記者だけじゃなくてクリエーターも全部そうですが、多分 AI が入ることによって、仕事はコツコツやっていくというよりも、映画監督的になると言われているのを聞いて、私もそうかなと思っています。

映画監督は自分で企画を考えるけど、自分でフィルムを回したり、音声を入れたり、演技するわけではないですよね。人にやらせて、それを総合的にプロデュースして良いものを作ることが映画監督の仕事。記者だったら、記事を書いて編

集するところまで全部やっていたわけですが、それを AI がやってくれるとなると、プロデュース的な仕事というか、いろいろな AI を使って、それを組み合わせて最終的に出来の良いものを作るという、映画監督的な、プロデューサー的な仕事になるだろうと。多分いろいろな人の仕事がプロデューサー的な仕事にシフトしていくことになるだろうと思いますし、シフトしていくことが、やはり次の仕事を取っていくというか、生きていくために必要なスキルと思います。

　だから、次の世代の子どもたちは自分で一からコツコツ作っていくのではなくて、さっき竹内さんから、チャット GPT を使わせてプログラムを書くかどうかという議論がありましたけど、私はそれもチャット GPT に書かせればいいと思っています。プログラム全体の構想を練って、最終プロダクトを作るのは人間であって、コードを書くなんていうのは、チャット GPT ができるんだったらやらせればいいわけで、理解する必要すらもないと私は思っています。理解できなくたって、使えればいいわけです。映画監督は、カメラマンがどう撮るのがベストか、知る必要はないんですよね。それはカメラマンが知っていればいいわけで、ある程度の指示だけして、良いものだけをピックアップして、それを自分の感性に合ったものに仕上げて、出すと。それが人間の仕事になるんだろうと思うし、全ての職業が多分そういうふうにシフトしていくと思います。

音　津山さんが多分リアルに感じたと思いますが、2000年代にアメリカのローカルメディアがどんどんなくなっていきました。その後に、社会的な価値のある情報を提供する拠点みたいなものがなくなったことによるさまざまな弊害が、日本にも報告されています。日本で今、ローカルメディアが相当厳しい状況になってきて、以前とは環境が変わっている。例えば、微妙な発言になるかもしれませんが、関西で首長が変わるとコミュニティー FM がどんどんつぶれるみたいなことが起こっているわけです。そういう中で、このテクノロジーによってジャーナリズムが、ジャーナリストによる活動が、ある部分生き残るという選択もあるだろうと。もちろん、ジャーナリズム活動の中で生成 AI を使うことによって、経営環境がますます悪くなるケースもあるとは思うけれど、だからといってテクノロジーの進歩に後ろ向きになることが選択肢として良いのかというと、そこはもう少し長期的な視点で考える必要がある。それから、場合によっては、それらを

支える異なる仕組み、例えば、みんなでお金を寄付する仕組みなど、そういうサブシステムを合わせて考える必要があるのではないかと思います。

竹内　ありがとうございます。この間、たまたま紙の新聞を読む機会がありました。というのは、僕はインターネットのサブスクリプションで 4 紙契約しているので、基本的にその新聞を読んでいるんですけれども、紙を久々に読んで感じたのは、紙の新聞の配置ですね。これがやっぱり絶妙で。インターネットやパソコン、スマホで読んでいる時と、何か違うと。つまり、その記事だけを読んでいるのではなくて、全体の構成があって、今読んでいるのは社会面だなとか、何かそういう、紙の新聞の良さに気付きました。ただ、たくさんたまると捨てるのが大変なので、多分これからもインターネットで読み続けると思いますが。ということで、おそらく生成 AI が入ってきて、ジャーナリズムの現場にも良いことはたくさんあると思います。ただ、やはり使い方を本当に考えないと、大変なことにもなるということかと思います。

質疑応答

竹内　それでは会場からの質疑応答に入りたいと思います。

観客　壇上の皆さんが記者の将来は大丈夫だとおっしゃっていることに違和感を覚える。平野さんの話のように、AI が進んだ世の中では、官房長官の話をタイピングしているような記者はやはり残れないと思う。アメリカのメディアでは AI の活用が進んでいることに驚いたが、人手や資金がないという理由でやむなく活用しているように感じるが、どうか。

竹内　確かに、どんな職種でも同じことが起きると思うんですね。マネージャーの仕事は残ると言われているが、窓口の仕事みたいなものはどんどん消えていくと言われていて。そういう意味では、おそらく記者の仕事も、デスク的な仕事をされている方は非常に重要でしょうが、いわゆる官房長官の会見のタイピングを

される方の仕事はなくなるかなと思われますが、ご意見いかがでしょうか。

津山　私も、官房長官会見はじめ大阪府知事の会見など、皆さんがタイピングされているのには、とても疑問を感じています。やはり表情を読むとか、そういったことが非常に重要だと思います。私がうん十年前に経団連会館で記者をしていた時に、ある社の粉飾決算の会見で、社長が机の下ですねをかいていたという特ダネ写真を撮った新聞社がありまして、タイピングしていると、そういった特ダネを逃してしまうんじゃないでしょうか（笑）。

　アメリカの記者たちが AI を楽観的に捉えていることは、ある程度事実だと思います。というのは、インターネットや新しいテクノロジーに適応できなかった編集の人たちは、ここまでにかなり淘汰されています。例えば2014年にニューヨーク・タイムズが「イノベーション・リポート」を出しましたが、その中で、SNS が使えないデスクは駄目だといったことが書かれていて、そういった方たちは今ほとんど一掃されてしまっている。新しいテクノロジーを使って仕事をどうやって簡略化、効率化していくかという編集長たちの声は、割と浸透していると思います。

観客　私はチャット GPT を使ってみたことがあるが、「歴代の阪神の監督の名前を出せ」とか「歴代天皇の名前を出せ」と指示してみたら、間違った内容が出てきて、「この程度か」という感じだったが。

竹内　はい、そうですね。日本版の生成 AI を開発するプロジェクトも進んでいるわけですが、確かに最近、生成 AI に聞くと、「それは検索してください」という答えが返ってきたりします。いかがですか。

福岡　チャット GPT はアメリカ人なので、アメリカ人に阪神の監督を聞いても答えてくれないというのは、当然の結論かなとは思います。技術的にはいくつか解決するものがあります。RAG（ラグ）と言われているシステムで、自分たちの持っている情報、データベースを使って回答を得る技術も開発されています。例えば自分たちの持っている野球データをデータベースに入れて、それを通じて

チャット GPT に聞くと、きちんとした答えが出てくる。例えば企業も、あるいは新聞社も、自分たちの持っている記事やデータベースを使いたいと。でも、そのデータは当然チャット GPT に入っていないわけですね。例えば、この記事の配置をどうしたらいいかとか、会社に依存しているいろいろなことがありますが、それを自分たちのデータベースを持って、それを通じてチャット GPT に入力すると、いい感じの答えが返ってくる。今一般的になっているので、もし阪神の監督や天皇の名前を正確に出したいのなら、そういうシステムを組めば答えてくれるようになっています。

観客 AI の進歩や発達、進化が盛んに言われて、人間をいずれ超えるだろうということですが、人間そのものは果たして進化しているのか、進歩しているのか。

竹内 これはきょう頂いた質問の中で一番難しいかと思います。最近、軍事的な AI の開発がどんどん進んでしまって、あまり良くない状況にあるかとは思いますが、果たして、人類は進化しているのかと。いかがですか。

福岡 まず進化と進歩は違うと思います。進化と言うとダーウィンの進化論がありますが、環境に合わせて変化することですね。そういう意味では、人間は常に進化している。今度は、われわれも AI がいっぱいある世界に進化しないと生きていけないし、進化できると思うんです。今の子どもたちは、AI やスマホに合わせて、環境に合わせて変化している。進化が起こるのは生存圧と言われていて、何かというと、それは人が死ぬことで起こるんですね。人が死んで、新しい世代が、その関係があった人が生き残っていくということです。だから進化はすぐには起こらないけど、1000年、2000年後にはその環境に合わせた人間がいるはずなんです。

　もっとも、進歩しているかどうかは、ちょっと分からない。縄文人に比べて、科学技術的には進歩していますが、身体能力は退化しているし、人間性が進歩しているかどうかはちょっと疑問というか、分からない。縄文人の方がひょっとしたら肉体的にも頑健で、人間的にもっと幸せだったかもしれない。変化に適応す

るという意味での進化は、多分人間はずっとし続けるだろうと私は思っております。

竹内　大変納得できるお答えだったかなと思います。以前、動物行動学者の方とお話をする機会があって、その方は猿の研究が専門で、「最近、人類はどんどん猿に近づいている」とおっしゃっていました。当然、文明批判とかいろいろな政治状況、戦争などが念頭にあると思いますが、この生成 AI を活用して、「総面倒量」ですか、これは減らないのかもしれませんが、減らしていきつつ、新聞業界もこれをうまく活用していければいいかなと感じました。

　今日は、平野さん、それからパネリストの皆さん、本当にどうもありがとうございました。それから、長時間お付き合いくださいまして、この会場の皆さまにも御礼申し上げます。どうもありがとうございました。

シンポジウム

生成AIとジャーナリズムの行方
〜メディアに突きつけられる課題と対応力〜

発行日　2024年 9 月30日　初版第 1 刷発行

発行人　西沢　豊
編集人　一ノ瀬英喜
発行所　公益財団法人 新聞通信調査会
　　　　〒100−0011
　　　　東京都千代田区内幸町2−2−1　日本プレスセンタービル1階
　　　　TEL　03−3593−1081（代表）　FAX　03−3593−1282
　　　　URL　https://www.chosakai.gr.jp/

装丁　　野津明子（böna）
写真　　井上良一（口絵、本文）・共同通信社
編集協力　株式会社共同通信社・久世由美子
印刷・製本　株式会社太平印刷社

ISBN978−4−907087−41−8